CW00572350

平生肝胆

因人常热

学勉

蒙曼女性诗词课

哲妇

蒙曼 ◎ 著

湖南文艺出版社 博集天卷 CS-BOOKY

序言

我的这套书分成上下两册。上册叫《哲妇》，讲贯穿中国历史的二十八位政治女性；下册叫《邦媛》，讲贯穿中国历史的二十五位文化女性。熟悉诗词的朋友一看就明白，这两个书名都出自《诗经》，它意味着这套书和诗词有着密不可分的关系。

很久以前，我就谋划着讲一场女性诗词课。因为女性史是我的学术方向，而诗词又是我的业余爱好。并且，诗词也是传统时代和女性最为亲近的一种文学表达形式。历史上的女哲学家几乎没有，女史学家也寥若晨星，唯独女诗人绵绵不绝，无代无之。以至于后来，女诗人甚至成了"才女"的标准形象。试想，若是林黛玉不吟出"未若锦囊收艳骨，一抔净土掩风流"，她的动人形象，又该打了多少折扣！时至今日，仍然有那么多女性醉心于清辞丽句的诗文，更醉心于诗情画意的生活。既然如此，我为什么不把诗词和女性结合起来，讲一讲诗词中的中国女性呢？

尽管"蓄谋已久"，但真到实际操作，还是会面临若干问题。其中最重要的一个问题是，所谓"女性诗词"，到底应该是女性书写的诗词，还是书写女性的诗词呢？这个问题背后其实是一个更大的问题，即我到底是想要借助诗词建构一本关于中国女性的历史，还是仅仅想以诗词为载体，构建一本女性文学史呢？我最终的选择是前者。这个选择也就顺理成章地推导出如下几个原则：第一，我是要借这本书给中国女性树碑立传的。我讲的这些女性，不是架空历史，组合拼盘式的所谓"四大美女""四大才女"，而是真正顺着中华五千年的历史来讲女性。本书选择的女性，全都是真实存在过的历史人物，至少有着基本可信的历史原型。她们就生活在自己所处的那个时代，她们的一举一动，也深刻反映，甚至深刻影响着自己身处的时代，她们都是自身时代的弄潮儿。最近一些年，常常有人提出，历史的英文单词"HISTORY"本身就反映着一种观念上的不完整和不公平，忽视了女性的历史贡献和价值。这当然是一种揶揄，因为"HISTORY"的词源是古希腊语histōr，意为"习得，智者"，跟作为男性指代的"HIS"并没有关系。尽管如此，这种揶揄仍然并非空穴来风，占人类一半的女性，难道不是在历史上一直被忽视，被打压吗？既然如此，我何不在力所能及的范围之内，构建一个 "HER STORY"，看看以她们为主体的历史又是怎样一番模样呢？第二，我也是要给当代女性找参照物的。我是谁？我有多大本事？我又须面对哪些问题？这样的困惑我们差不多每天都要面对。答案在哪里呢？我们不妨照照镜子吧。唐太宗说得好："以铜为镜，可以正衣冠；以古为镜，可以知兴替；以人为镜，可以明得失。"这本书一共涉及历史上的二十八位女性，这里面既有贤良淑德，也有肆意妄为；既有巾帼英雄，也有红颜祸水。或者，最直白的说法是：这里不仅有好人，也有坏人；不仅有成功，也有失败。正因为如此，我们才能不仅仅把她们当成励志的榜样，更把她们当成不说谎的镜子，让我们"见贤思齐焉，见不贤而内自省也"。第三，书中的每一位女性，都有至少一首诗作为载体。这首诗可能是她写的，也可能是写她的，总之，一定和她有着极为密切的关系。她的所思所想在诗词里，她的人生故事也在诗词里。当然，就像"尽信书则不如无书"一样，我们也必须承认，尽信诗则不如无诗。我会尽己所能，去发掘她在诗之外、诗背后的故事，然后告诉大家，她又为何被写成了诗中的样子。

女性是个永恒的话题，也是个越来越有吸引力的现实话题。近几年来，"大女主"的形象在影视剧里反复刷屏。我不敢说，我写的二十八位女性都是大女主，事实上，我也不希望自己去描述二十八位大女主的故事，因为那毕竟不是历史的真实情态。我只希望这本书里有属于历史的真，属于诗词的美，还有属于价值观的善。当年，冰心老人在《关于女人》里说，世界上若没有女人，这世界至少要失去十分之五的"真"、十分之六的"善"、十分之七的"美"。这种比例的划分自然只是一种私人化的表达，但抛开比例不谈，真、善、美毕竟是人类的永恒追求，本书愿意以此为目标，向贯穿历史，构成历史，也创造历史的所有"女主"们致敬。希望我们和我们的前辈一样，不仅有"巧笑倩兮，美目盼兮"的神采，有"凌波微步，罗袜生尘"的风度，更有"长揖雄谈态自殊，美人巨眼识穷途"的眼光，有"蜀锦征袍自裁成，桃花马上请长缨"的豪情，只有这样，我们才终能坚信："何须浅碧轻红色，自是花中第一流。"

蒙曼

2021 年 6 月 23 日

瞻卬昊天，则不我惠。孔填不宁，降此大厉。邦靡有定，士民其瘵。蟊贼蟊疾，靡有夷届。罪罟不收，靡有夷瘳。

人有土田，女反有之。人有民人，女复夺之。此宜无罪，女反收之。彼宜有罪，女覆说之。

哲夫成城，哲妇倾城。懿厥哲妇，为枭为鸱。妇有长舌，维厉之阶。乱匪降自天，生自妇人！匪教匪诲，时维妇寺。

鞫人忮忒，谮始竟背。岂曰不极，

伊胡为慝？如贾三倍，君子是识。

妇无公事，休其蚕织。

天何以刺？何神不富？舍尔介狄，

维予胥忌。不吊不祥，威仪不类。

人之云亡，邦国殄瘁！

天之降罔，维其优矣。人之云亡，

心之忧矣。天之降罔，维其几矣。

人之云亡，心之悲矣。

觱沸槛泉，维其深矣。心之忧矣，

宁自今矣！不自我先，不自我后。

藐藐昊天，无不克巩。无忝皇祖，

式救尔后。

哲妇·解题

　　我们这本书的名字叫《蒙曼女性诗词课 哲妇》，"哲妇"取自《诗经·大雅·瞻卬》："哲夫成城，哲妇倾城。"意思是说，男子有才会成事，女子有才反亡国。很明显，这本书的主人公都是跟国家命运密切相关的政治女性。在《诗经》诞生的那个时代，人们有着严格的性别意识，不主张妇女参与政治。因此，"哲妇倾城"和《尚书·牧誓》"牝鸡无晨，牝鸡之晨，惟家之索"一样，反映的都是古人对女性拥有政治智慧与政治权力的恐惧。可事实上，因为中国家国同构的政权构造方式，也因为妇女事实上无可否认的雄心、智慧与美貌，很多女性还是以各种形式参与国家的政治生活。她们有的走上前台，有的隐身幕后，有的成城，也有的倾城，就像男性政治人物一样。只是，因为制度与文化的约束和限制，她们的成城与倾城会有更多的幽微隐曲，因此，也就产生了更多的故事和更多的诗词。我们这本书奉献出来的，就是这样一部由诗词串联起来的女性政治史，它借诗词透视女性，更透视包容着一代代中国女性，也由一代代中国女性翻卷起来的历史风云。

蒙曼

2022 年 5 月 31 日

目　录

第一章

上古天真

1

第二章

汉魏风华

第四章

宋元融合

明清风云

第一章 ○ 上古天真

娥皇、女英

斑竹一枝千滴泪，
红霞万朵百重衣

本书第一篇的主人公，是娥皇和女英。娥皇和女英是尧的女儿，舜的妻子。她们代表的那个时代，在考古学上叫新石器时代，在传统史学中叫作三皇五帝时期，在今天，我们通常会说，那是部落联盟制的时代。无论如何表述，总之，那是中华文明的形成时期。那个时代距今已有四千多年，尽管如此，我们对它并不特别陌生，因为我们如今熟悉的很多理念、价值观，都是在那个时候开始形成的，娥皇和女英的故事就是例证。

说到娥皇、女英，有一首诗非常有名，那就是毛泽东主席的《七律·答友人》。诗云：

九嶷山上白云飞，帝子乘风下翠微。斑竹一枝千滴泪，红霞万朵百重衣。

洞庭波涌连天雪，长岛人歌动地诗。我欲因之梦寥廓，芙蓉国里尽朝晖。

这首诗的前四句讲的就是娥皇和女英的故事。毛主席说：九嶷山上白云飞动，仿佛是娥皇和女英乘着风驾临了。那翠竹上的斑斑点点是她们流不尽的眼泪，那万丈红霞是她们绚丽的衣衫。这四句描写，既浪漫又绚丽。

那么，娥皇和女英到底是怎么回事呢？她们生活的年代很早，有关那个时期的历史记载本来非常有限；但是，娥皇、女英又关联着尧舜禹时代禅让制度的大关节，所以，提到她们的古典文献还颇有一些。早期的《尚书》和《山海经》，晚一点的《史记》和《汉书》都有关于娥皇、女英的内容。屈原《楚辞·九歌》里的《湘君》和《湘夫人》，应该也混合着她们的身影。把这些零零散散的记载凑到一起，我们基本可以知道如下情况：第一，娥皇、女英是尧的女儿，她们顺从尧的安排，嫁给舜为妻。第二，这两个人在舜的身边表现突出，为舜的事业做出了很大贡献。可以说，舜能够取代尧成为部落联盟的首领，她们俩功不可没。第三，舜帝南巡，病死在苍梧之野。娥皇、女英千里寻夫，来到九嶷山前。她们抱着竹子痛哭，泪水洒在竹子上，变成了点点斑痕，传说这就是斑竹的来历。痛哭一场后，娥皇和女英投湘水殉夫，变成了湘水之神，所以又叫湘君，也叫湘妃。《红楼梦》里，公子小姐们起诗社，每个人都要取一个雅号。轮到林黛玉的时候，探春说："当日娥皇女英洒泪在竹上成斑，故今斑竹又名湘妃竹。如今她住的是潇湘馆，她又爱哭，将来她想林姐夫，那些竹子也是要变成斑竹的。以后都叫她作'潇湘妃子'就完了。"用的正是娥皇、女英的典故。这样看来,娥皇、女英的人生,走的基本上是从孝女,到贤妻,再到烈妇的路径,这也是中国古代妇女最正统的行为准则,所以西汉刘向在《列女传》中,把她们放在《母仪》的第一篇,表彰她们道德纯粹而又行为坚定,堪称女性典范。

不过,我们今天的人看娥皇、女英,也会有自己的视角和好奇心。什么好奇心呢?第一,娥皇、女英姐妹俩为什么要嫁给同一个人?要知道,她们的父亲尧是部落联盟的首领,娥皇、女英也就是那个时代的公主了。贵为公主,难道不希望爱情专一吗?姐妹俩嫁给同一个人,岂不是同室操戈?这其实涉及了我们中国早期的一个风俗,叫媵妾制度。中国古代实行一夫一妻多妾制。妻是明媒正娶来的,身份很高,跟丈夫地位对等。而妾是买来的,身份低微,难登大雅之堂。这是古代社会的一般情况。但是,在上古时期,中国还处于贵族政治时代,那时候妇女还有一种身份,既不是妻,也不是妾,而是媵。所谓媵,就是跟正妻一起陪嫁来的女子,其中身份最高的是正妻的姐妹,次一等的是正妻同宗族的女子,再次一等的是正妻的侍女。她们跟正妻一起出嫁,身份就是媵,也就是正妻的替补队员,一旦正妻去世,她们就是正妻的接班人。之所以要有媵这么一类人存在,其实是为了确保妻子娘家的利益。贵族社会都是同一阶层内部联姻,婚姻关系也就是盟友关系,嫁一个女儿就相当于签一个利益共同体的协约。一旦女儿去世,或者不能生育怎么办?这时候,媵就是最好的补充,只要媵还在,那么,这两大家族之间的盟友关系就始终不断。几年前有一部电视剧叫《芈月传》,在剧中,身为楚国公主的芈月就是作为姐姐芈姝的媵嫁到秦国的；同样，《三国演义》里，孙吴政权那位爱女如命、说一不二的吴国太，也是跟着姐姐一起嫁给了孙权的父亲孙坚。这虽然都是文艺作品的虚构，但也有真实的历史背景做基础。差不多就是三国两晋南北朝以后，中原地区基本上没有媵了，但是，媵的变体却始终存在。例如，北宋时期有一桩著名的公案，大才子欧阳修和状元王拱辰分别娶了户部侍郎薛奎的四女儿和三女儿，成了连襟，王拱辰算是欧阳修的姐夫。后来，王拱辰的妻子病逝，薛奎又把自己的五女儿嫁给王拱辰做续弦。这样一来，王拱辰也就从欧阳修的姐夫变成了欧阳修的妹夫。欧阳修一得意，还写了两句"旧女婿为新女婿，大姨夫作小姨夫"，惹得王拱辰很不高兴。抛开欧阳修和王拱辰之间的恩恩怨怨，单看薛奎这边，他为什么要接连嫁两个女儿给王拱辰呢？其实是舍不得这个榜下捉来的状元郎、未来政坛的好帮手，所以才要在三女儿去世之后，继续把五女儿嫁给他，维持两家的关系不变。这种联姻方式，不就是媵的变体吗！回到娥皇、女英身上，她们俩为什么同时嫁给舜？正是因为尧看中了舜是一棵政治上的好苗子，铁了心要跟他结盟，这才把两个女儿一起嫁给他，确保他永远也跑不了。

既然如此，我们的第二个好奇心也就随之而起：娥皇和女英到舜身边，到底是干什么去了？可能有人会说，难道不是去做人生伴侣吗？政治婚姻可没有这么简单，她们二人不仅是舜的妻子，还是尧派到舜身边的特派员，负责考察干部去的。当时中国还不是家天下，而是部落联盟时代，部落首领老了，不是传位给自己的儿子，而是要传位给大家公认的贤人。到尧晚年的时候，公认的贤人就是舜，尧也对舜进行了各种各样的考察。可是，考察公共生活容易，考察私生活却难。而我们中国人一向认为，私德是公德的基础，如果一个人不能齐家，也就没法治国。怎么确认舜的私德呢？干脆让女儿进入舜家，近距离观察吧。于是，娥皇、女英就双双嫁给了舜，成了尧安插在舜身边的特派员。

　　舜的家庭可不是什么模范家庭。这一家有三大恶人，号称是"父顽、母嚚、弟傲"。舜的父亲是个盲人，眼盲心更盲，办事糊涂，待人丝毫不讲公正。而他的母亲是继母，特别凶残，一心想要除掉舜，把好处留给她的亲生儿子。有这样糊涂溺爱的父母，他的弟弟象特别骄横跋扈，完全不把哥哥放在眼里。这样的家庭本来就很难处理好关系，而一旦处理不好，又会被认为是齐家无能，怎么办呢？娥皇、女英既然已经"在家从父"，听从父命嫁给了舜，这时候就要"出嫁从夫"，替舜谋划了。《列女传》记载了三件事。第一件事可以称为谷仓事件。有一次，舜的父亲让舜修谷仓。舜知道他居心叵测，就问娥皇、女英："我到底去不去呢？"娥皇、女英说："父命难违，怎么可能不去呢？"于是舜就去了。可是舜刚刚爬上谷仓，他父亲就把梯子撤了，在下面放起火来，想把舜烧死。这时候，只见舜从高高的谷仓顶上飞身而下，毫发无伤。他是怎么做到的呢？《列女传》没写。第二件事可以称为水井事件。眼看烧死儿子的计划没有得逞，舜的父亲又让舜去修井。舜又问娥皇、女英："我去不去呢？"娥皇、女英还是说，父命不可违。于是舜又去了。可是，眼看着舜到了井底，他父亲和弟弟居然把井口封上，想要把舜活埋。谁知正当他们额手称庆的时候，舜居然从井旁边的地上冒了出来，还是毫发无伤。他是怎么做到的？

《列女传》还是没写。再看第三件事：饮酒事件。两次谋害舜不成，舜的父亲又请他喝酒。这明显是后世所谓的鸿门宴啊。舜又问娥皇、女英的意见，两个人还是劝他不违父命。结果舜去了之后，他的父亲就"一杯一杯复一杯"地劝他喝酒，想要等他喝醉再谋害他。谁知舜就如同无底的木桶一般，怎么灌都不醉，于是他的父亲又无计可施了。舜是怎么做到的？这次《列女传》有记载了，原来是娥皇、女英提前给他洗了药浴，让他对酒精产生了免疫。有了这条记载，后世的读者们就脑洞大开，发挥自己的想象力了。比如有人说，舜从房顶上跳下来毫发无伤，是因为娥皇、女英提前给他准备了大斗笠当降落伞；还有人说，舜能从井里爬出来是因为娥皇、女英提前挖好了隧道；等等。总之，舜在两位贤妻的帮助下，既不违反孝道，又不伤害自己，屡次涉险过关。这样三番五次之后，舜终于感动了父母和弟弟，再也不跟他作对了；与此同时，他也通过了尧的考验，成了尧的接班人。当然，谁都知道，远古的记载往往过于传奇，未可尽信；但无论如何，有一点可以肯定，那就是娥皇和女英不辱父命，顺利地完成了自身角色的转化，从尧的特派员变成了舜的贤内助。

可是，这也引出了我们的第三个好奇心：既然娥皇和女英有胆有识，是舜的好帮手，大舜南巡，为什么不带上她们，还要让娥皇、女英千里寻夫呢？这恐怕就要追溯到中国古代禅让制度的来龙去脉了。禅让好不好？听起来当然好，传贤不传子，这不就是"大道之行，天下为公"吗！可是，这样的佳话究竟是历史事实，还是美化塑造呢？其实在古代是有不同看法的。比如，《韩非子·说疑》就说："舜逼尧，禹逼舜，汤放桀，武王伐纣。"很明显，无论是尧舜禹还是汤文武，政权更替没有不依靠暴力的。西晋时期，从战国古墓里挖出了一部写在竹简上的古书，被称为《竹书纪年》，里面也说"舜囚尧，复偃塞丹朱，使不与父相见也"。既然舜会囚禁尧，让他和儿子隔绝开来，那么，到舜年老的时候，恐怕后继者也会这样对待舜吧。假设舜不是主动南巡，而是被动流放，那么，他孤零零一个人向南走，随后娥皇、女英又千里寻夫，不就好理解了吗？所以，唐朝的诗仙李白有一首《远别离》，讲的就是这个版本的故事：

远别离，古有皇英之二女。乃在洞庭之南，潇湘之浦。海水直下万里深，谁人不言此离苦？日惨惨兮云冥冥，猩猩啼烟兮鬼啸雨。我纵言之将何补？皇穹窃恐不照余之忠诚，雷凭凭兮欲吼怒。尧舜当之亦禅禹。君失臣兮龙为鱼，权归臣兮鼠变虎。或云：尧幽囚，舜野死。九疑联绵皆相似，重瞳孤坟竟何是？帝子泣兮绿云间，随风波兮去无还。恸哭兮远望，见苍梧之深山。苍梧山崩湘水绝，竹上之泪乃可灭。

什么意思呢？李白说：远别离啊，古时娥皇、女英两个女子，就在洞庭之南、潇湘之畔，为和舜的远别而恸哭。洞庭、湘水虽有万里之深，也难比此番别离之苦！她们哭得白日无光，天昏地暗，感动得猿猱悲啼，鬼神也为之泪下如雨。如今我重提此事，又有谁能理解我心中的痛苦？我的一片忠心只怕皇天也不能领会，它只会打下雷霆，勃然大怒。可是，国君一旦失去了贤臣，就会像神龙化为凡鱼；而奸臣一旦把持了大权，就会由老鼠变成猛虎。

有人说，尧并非禅位于舜，而是被舜幽囚了起来；舜也是被迫让位于禹，最终死在荒郊野岭。相传他葬在九嶷山，可九嶷山连绵起伏，哪里才是他的坟墓？可怜的娥皇和女英，只能在洞庭湖畔的竹林中痛哭。她们一边痛哭，一边遥望，眼睛里看到的只有深深的苍梧山，却再也望不见她们的丈夫。什么时候苍梧山崩，湘水断绝，她们洒在竹子上的泪痕才会磨灭。

李白为什么会写这首诗？因为他看到了唐朝的社会现实。唐玄宗后期，无原则地宠幸李林甫、杨国忠、安禄山等人，对他们弄权、弄兵的行为都缺乏防范。李白不是政治家，但是，凭借一个诗人的直觉，他担心唐玄宗会被这些宠臣反噬，唐朝要大祸临头了！李白的这番担忧绝非无中生有。就在这首诗写后不到十年，安史之乱爆发，大唐盛世戛然而止。一代英主唐玄宗痛失皇位，一代红颜杨贵妃也魂断马嵬坡，一对神仙眷属，落得个"上穷碧落下黄泉，两处茫茫皆不见"，这又何尝不是锥心刺骨的《远别离》呢！

这就是另一个版本的禅让制度，这个版本和传统的版本一个暗，一个明，共同构成了中国上古历史的两个侧面，这两个侧面都有意义，也都耐人寻味。不过，无论是哪一个版本，娥皇和女英的形象并没有本质的改变。她们仍然是多情的妻子，虽然是政治联姻，奉命成婚，但是，她们深深地热爱自己的丈夫，追随自己的丈夫，无论贵贱，无论生死。

正因为如此，古代人描写娥皇、女英，基本上都着眼于她们的眼泪和深情。比如，唐朝刘禹锡贬官到湖南的朗州（今常德），就写下一首《潇湘神》：

斑竹枝，斑竹枝，泪痕点点寄相思。楚客欲听瑶瑟怨，潇湘深夜月明时。

诗中的湘妃，成为相思与苦恋的化身，有着流不尽的泪水和诉不完的哀怨，这其实不是刘禹锡一个人的看法，它也是古代文人书写娥皇、女英的主基调。

但是我们开篇提到的毛泽东主席的《七律·答友人》又不一样。毛主席笔下的娥皇、女英，既洒下了滂沱泪雨，又穿着华美的红衣。她们仙去了，却并不悲伤，因为她们看到了"我欲因之梦寥廓，芙蓉国里尽朝晖"。在这片芙蓉花盛开的土地上，到处都朗照着清晨的光辉。这里的娥皇、女英是谁？她们不再是流尽眼泪的潇湘妃子，而是洒尽热血的革命烈士。她们的眼里有丈夫、儿女，更有国家和民族。"斑竹一枝千滴泪，红霞万朵百重衣"，娥皇和女英的形象在这样的诗篇中升华了，她们代表着女性的牺牲，也代表着女性的希望，代表着中国悠久的历史，更代表着中国美好的未来。

恃宠娇多得自由，
骊山烽火戏诸侯

褒姒

　　娥皇、女英还属于传说中的三皇五帝时期。越过了这个"传说时代"，中国也就进入了有据可查的"历史时期"。我们今天讲中国史，基本上都从夏商周开始讲起。这三个王朝，传统上称之为"三代"，考古学家又称之为"青铜时代"。夏商周三代不仅奠定了中国的文化基础，也诞生了许多影响深远的历史人物，本篇的主人公——西周末代王后褒姒，就是其中之一。

　　褒姒何许人也？一言以蔽之，褒姒就是中国传统所谓"红颜祸水"的代表人物。中国有"四大妖姬"的说法，这四大妖姬包括夏朝的妹喜、商朝的妲己、西周的褒姒，还有春秋时期晋国的骊姬。按照一般的说法，妹喜害得夏桀亡了国；妲己害得商纣王亡了国；褒姒害得周幽王被犬戎杀死，周王室被迫东迁；而骊姬则害得晋献公父子相残，让晋国栽了一个大跟头。

总而言之，这四个人，都花容月貌，但也都倾覆邦家。可是，既然是四大妖姬，为什么不写其他三人，单写褒姒呢？因为褒姒有故事。其他几位，妹喜也罢，妲己也罢，骊姬也罢，留下来的故事都比较少，大部分人并不熟悉，但褒姒不然。一提到褒姒，几乎所有人都能立刻说出一个典故，叫"烽火戏诸侯"。这就是所谓"经典案例"，我们顺着这个案例，不仅可以思考褒姒的悲剧，也可以思考四大妖姬的悲剧，进而思考所谓"红颜祸水"的说法。

我为褒姒选的诗，是唐朝诗人胡曾的咏史诗《褒城》：

恃宠娇多得自由，骊山烽火戏诸侯。只知一笑倾人国，不觉胡尘满玉楼。

这首诗是什么意思呢？褒姒恃宠而骄，得到了很多自由。她让人在骊山点起烽火，戏弄勤王的各路诸侯。周幽王只知道她笑一下就倾国倾城，可他没想到，就在他们胡闹的时候，胡人兵马卷起的烟尘已经冲进了周天子的亭台阁楼。

现在知道胡曾这个人的不多，他属于小众诗人。但是，在晚唐时期，他的诗篇也曾经广为传颂。他最擅长的，就是咏史诗。他的咏史诗基本都是以地名做题目，吟咏当地的历史名人和历史大事。比如，《南阳》吟咏诸葛亮躬耕，《乌江》吟咏项羽自刎，这首《褒城》则是吟咏褒姒"烽火戏诸侯"的故事。很明显，在胡曾看来，周王朝败亡的根源，就在于周幽王为博美人一笑，烽火戏诸侯。既然如此，我们的问题也就来了。

第一，褒姒为什么不肯笑？难道就因为她性格高冷，一当冰美人吗？这样理解当然不能算错，但是，未免失之于简单了。褒姒为什么不肯笑？因为她其实是个战利品，是她的母国为了求和而献给周幽王的礼物。这还得从褒姒这个名字说起。现在我们看褒姒，肯定以为此人姓褒名姒。但是，这是当代人的命名习惯，在中国古代可并非如此。上古时期，女性只有小名，没有大名，而小名是不能告诉外人的。那怎么称呼她们呢？当时的礼法规定"妇人称国及姓"。说一个妇女的时候，应该是先说她的国名，再说她的姓。这样看来，所谓褒姒，就是来自褒国的一个姓姒的女子。要知道，姒姓可是夏朝的国姓，褒国是大禹后代建立的国家，历史非常悠久。周武王伐纣的时候，褒国站在了周朝这边，跟周王朝的关系一直都很好。但是，到周幽王时代就不一样了。周幽王是个喜欢穷兵黩武的君主，打起仗来六亲不认。幽王三年，他出兵讨伐褒国。褒国打不过，怎么办呢？就把褒姒送给了周幽王，以美女换和平。褒姒的确绝色，周幽王接到这么一份厚礼，果然就退了兵。想想看，敌人兵临城下，作为战利品带回来的姑娘，内心大概并不那么痛快吧？周幽王能够得到她这个人，却无法得到她的心，整天看着她那张艳若桃李而又冷若冰霜的脸，周幽王真是爱也不是，恨也不是。

那么，褒姒在嫁给周幽王之前，又是哪家的女儿呢？《史记·周本纪》里，记载了一个流传很广的传说。据说，夏朝末年，夏桀在位的时候，有两条神龙来到朝廷前，口吐人言道："我们是褒国的两个先王。"夏桀觉得兹事体大，就让巫师占卜对策。巫师说，无论是杀掉龙、赶走龙还是留下龙，都不吉利。要想吉利，就必须得到这两条龙的龙涎，也就是龙的唾液。听了神的旨意，夏桀赶紧向神龙祷告，这两条神龙果然留下龙涎，缓缓离开了。夏桀就用匣子把龙涎装起来，秘密收藏。后来，夏朝不是被商朝灭亡了吗？这匣子就传到了商朝。等到商朝被周朝所灭，这匣子又传到周朝。历经三个朝代，从来没有人敢打开它。直到有一天，匣子传到了周厉王手里。周厉王是个昏君，好奇心过于旺盛，让人打开看看。没想到，匣子刚一打开，黑色的龙涎就流了出来，在王庭之中到处流淌。周厉王吓坏了，赶紧让一群妇女赤身裸体，对着龙涎大喊大叫，这其实是古代的一种压胜方法。龙涎听见妇女喊叫，变成了一只黑蜥蜴，窜到后宫里，乱蹦乱跳。正好有个七八岁的小宫女走了出来，一个躲闪不及，这黑蜥蜴就钻到了她的肚子里。这件事就这样不明不白地告一段落。又过了几年，这个小宫女长大了，无缘无故就怀了孕，生下来一个小小的女孩子。这不是什么光彩的事，小宫女也不敢声张，就把这小女孩扔到了路边。

当时，周朝正好流传着一首童谣，叫"檿弧箕服，实亡周国"。什么意思呢？山桑弓，箕木袋，是灭亡周国的祸害。这童谣多么不吉利啊，周王很忌讳，就到处抓卖这两样东西的人。有一对夫妇正好干这一行，听说之后赶紧逃跑。就在逃跑的过程中，看到了这个被扔在路边的小女孩。夫妻俩心软，就收养了她，带着她逃到了褒国。她长大之后，居然出落成一个绝色美女。后来，周幽王攻打褒国，褒国国君没办法，在国内征集美女献给周幽王，中选的褒姒，就是当年那个感龙涎而生的小女孩。

这个故事太过离奇，现代人看了肯定会认为它是假的。世界上哪有什么神龙？更不用说神龙吐出龙涎，感生美女了，这不过就是古代帝王传说的一种变体而已。汉高祖刘邦不也有斩蛇起义的传说吗？说刘邦是赤帝之子，也就是赤龙的儿子。古代人迷信，凡是出了大人物，不管是好是坏，都认为他不是凡人。刘邦能建立汉朝，当然是大人物，所以是龙子；而褒姒能灭亡周朝，也是大人物，所以也跟龙有关系，是龙涎幻化而成。这种传说听听就好，不必当真。不过，虽然龙涎感孕是假的，但是，这个传说中有真实的部分。真在哪里呢？首先，褒姒确实不是姓褒名姒，而是出身于夏朝后裔建立的褒国；其次，褒姒很可能并非褒国的公主，而是专门为周幽王海选出来的美女，戴上一顶公主的帽子，跟周幽王和亲来了。

不情不愿的褒姒冷着一张脸，来到了周朝。人真是一种奇怪的生物，越是得不到的，就越有吸引力。周幽王受了褒姒的冷落，不仅不怪她，反倒觉得她独具魅力，天天想着怎么逗她笑。逗笑的方式大家都知道，就是烽火戏诸侯。

那么第二个问题就来了，烽火戏诸侯是真的吗？烽火戏诸侯的故事，在历史上确实有据可查。据《史记·周本纪》记载，周幽王为了博得褒姒一笑，想出来一个主意，这个主意不是立足自身，而是打在了周朝的诸侯王身上。当年，周王朝分封了许多诸侯国，这些诸侯国的国君都有义务保卫周王朝，为周王朝出兵打仗。古代通信不发达，万一真有敌兵进犯，怎么才能让各位诸侯王知道呢？周王朝设立了好多烽火台，遇到紧急情况，就点起烽火，诸侯看到烽火，就要出兵勤王。当时周王朝正受到少数民族犬戎的威胁，所以光是在骊山，就设立了好多烽火台。这一天，周幽王把褒姒带到了骊山的烽火台上，点起烽火。诸侯一看见烽火狼烟，以为是犬戎进犯，都带着兵急急忙忙赶来了。来到骊山一看，连敌人的影子都没有，只有周幽王带着褒姒在山上饮酒作乐。看到诸侯王们大惑不解的样子，周幽王轻轻松松地说："辛苦诸位了，没什么敌人，只是王后没看见过烽火，我想给她看看，你们回去吧。"诸侯王们虽然气得七窍生烟，但是又敢怒不敢言，只好灰溜溜地回去了。

可能有人不明白，点烽火、戏诸侯有什么好笑的？谁会这样哄女朋友呢？其实，这件事真正的意义既不在于烽火，也不在于诸侯，而在于周幽王的权力。周幽王是在向褒姒炫耀，这么多诸侯王，我招之即来，挥之即去，多么厉害！古往今来，好多男性都有类似想法，觉得只要自己是个厉害角色，女人们就会无条件爱上他。面对周幽王的这种自信，褒姒做何反应呢？她不知道是真的喜欢上了周幽王的说一不二，还是仅仅觉得无论是周幽王的孔雀开屏也罢，或是诸侯王的没头苍蝇乱撞也罢，都显得好傻，总之居然嫣然一笑。这一笑，把周幽王的心都笑化了。既然王后喜欢这个，以后就这么办了！于是他三番五次地点烽火，召诸侯。诸侯上过几次当之后，都知道周幽王是在耍弄他们，干脆不来了。后来有一天，犬戎真的打过来了。周幽王慌忙点起烽火，却再也无人响应。结果，周幽王被犬戎杀死，褒姒也被犬戎俘虏，西周政权就此结束，这就是所谓的"烽火戏诸侯"，其实也就是中国版的"狼来了"的故事。烽火戏诸侯既然是由褒姒而起，它也就成了褒姒的最主要罪证，让褒姒背了几千年的骂名。

问题是，烽火戏诸侯是真的吗？很可能不是。因为烽火台这种装置真正通行起来，已经是在与匈奴殊死搏斗的秦汉时期，西周比秦汉早了好几百年，那时候根本就没有连绵不断的烽火台，怎么会用烽火戏诸侯呢？所以，比《史记》更早的《吕氏春秋》记载这件事时，用的道具就不是烽火，而是战鼓。再说，就算是周幽王能够发出什么信号把诸侯王召集过来，那些诸侯王距离西周都城镐京有的近，有的远，绝不可能同时到达，根本不会出现大家乱乱哄哄，一起聚在骊山脚下的场面，怎么可能因此博得褒姒一笑？换言之，按照当时的客观条件，烽火戏诸侯断无实现之理。

第三个问题，既然没有烽火戏诸侯，西周为什么会灭亡呢？这件事还真的跟褒姒有关系。褒姒并不是周幽王的第一个王后。在褒姒之前，周幽王已经立了一位申后，也就是来自申国的王后。申后生了一个儿子，名字叫宜臼。本来，周幽王已经立了宜臼当太子，可是，自从褒姒来了以后，申后就失宠了。更要命的是，褒姒虽然不喜欢周幽王，但还是跟他生了一个儿子，取名叫伯服。伯是排行老大的意思，很明显，周幽王是打算把伯服算作自己的嫡长子，让宜臼靠边站了！果然，此后不久，周幽王就废了申后和太子，改立褒姒当王后，伯服为太子。这下可就酿成大错了。我们讲娥皇、女英的时候提到过，上古时期都是政治联姻，申后可不是一个孤零零的弱女子，她背后还站着一个强大的申国。申国为周王朝屏蔽北方的犬戎，地理位置重要，军事力量也特别强大。此刻申后被废，申国侯的外孙也当不成太子，这不是损害了申国的利益吗！申侯一气之下，干脆联合老对手犬戎，直奔镐京杀了过来。本来申国就够厉害了，再加上一个犬戎，周幽王完全没有招架之力，只能是国破家亡，身首异处。褒姒呢，也因此成了犬戎的俘虏，不知所终。周幽王一死，申国侯的外孙宜臼接了班，史称周平王。周平王在西边立足不住，迁都洛阳，从此西周也就演化成了东周。从这个角度讲，《诗经》所云"赫赫宗周，褒姒灭之"，也并非完全没有依据。

关于这件事，2008年清华大学获赠的一批战国竹简可以为证。

烽火戏诸侯的故事出自《史记》，但这批竹简完全没写烽火戏诸侯，而是只记载了申侯主动联络犬戎，攻打镐京的来龙去脉。为什么我们更相信竹简，而不是大名鼎鼎的《史记》呢？因为这批竹简是战国时代的，而《史记》则出自西汉司马迁之手。记载同一件事情，时间在先的胜过时间在后的，这也是史学界的一个基本原则。

故事讲到这里，大家应该已经明白了。褒姒的问题到底出在哪里呢？其实不在于她引发了烽火戏诸侯，而在于她被献给了周幽王，而周幽王又爱上了她，还因此废掉了原来的王后和太子，损害了王后娘家的利益，这才招来滔天大祸。既然如此，生活在今天的人们难免会有点不平：这一切都不是褒姒能够左右的，凭什么让她负责呢？当年，鲁迅先生对此有相当犀利的点评："历史上亡国败家的原因，每每归咎女子。糊糊涂涂的代担全体的罪恶，已经三千多年了。"鲁迅先生还说："我一向不相信昭君出塞会安汉，木兰从军就可以保隋；也不信妲己亡殷，西施沼吴，杨妃乱唐的那些古老话。我以为在男权社会里，女人是决不会有这种大力量的，兴亡的责任，都应该男的负。但向来的男性的作者，大抵将败亡的大罪，推在女性身上，这真是一钱不值的没有出息的男人。"

鲁迅先生的说法带着他特有的辛辣，当然也绝不是无懈可击。比如说，我们应该承认，宫廷女性对政治并非毫无影响；我们也不宜过于笼统地对男性进行攻击。但是，尽管如此，我们还是要承认，这是对"红颜祸水"这一说法最有意义，同时也是最有力量的反驳。"红颜"可以属于一切时代，但"红颜祸水"只属于男权社会，我们需要理解它的历史内涵，但是，在现实生活中，请一定把它扔到垃圾箱里，再不要信它。

许穆夫人

女子有行，
远父母兄弟

　　德国哲学家雅斯贝斯说，公元前 800 年到公元前 200 年是人类文明的"轴心时代"。在这个时代，西方、中东、印度、中国都出现了一批先贤，如苏格拉底、以色列先知、释迦牟尼、孔子等等，他们创立了各自的思想体系，搭建起了人类精神的根基。按照雅斯贝斯这一理论，春秋战国时期就是中国文明发展的轴心时代。在这个时期，中国人第一次拿起笔来，描述自己的生活，也审视自己的心灵。这些诗文在很大程度上塑造了中国人的精神传统，哪怕几千年过去了，我们还是能一眼看出来，那些诗文必定是出自中国人之手。本篇讲述的是中国古代第一个才女，伟大的爱国主义女诗人许穆夫人的故事，你读过就会发现，许穆夫人笔下的诗篇和身上的故事不仅属于她自己，也属于你我，属于从那时起直到今天的中国女性。

　　说到古代第一才女,可能有人会有疑问,"巧笑倩兮,美目盼兮"的大美女庄姜,不是也写诗吗? 根据南宋大理学家朱熹的判断,诗经中的《燕燕》《柏舟》等五篇都是庄姜写的。这个说法确实存在,但并没有得到所有人的认可。许穆夫人则不然。她的诗篇班班可考,从古到今无人质疑,所以,我们才把中国古代第一位女诗人的桂冠,戴在许穆夫人头上。而且,更重要的是,许穆夫人不像一般的女诗人,只吟唱自身的悲欢离合;她的诗篇带有浓重的家国之恨,曾经挽救过自己处于危亡中的祖国。

　　许穆夫人是何许人呢? 从母系的角度讲,她其实是庄姜的侄外孙女。她的母亲宣姜,是大美女庄姜的侄女。姜是齐国的国姓。齐国的美女可能都有点"硕人"那样的优秀基因,在春秋时代特别有名。《诗经·陈风·衡门》云:"岂其食鱼,必河之鲂? 岂其娶妻,必齐之姜? "你若吃鱼就吃鱼,为什么非要吃黄河里的大鲂? 你若娶妻便娶妻,为什么非得娶齐国的姜姓姑娘? 从这句诗就可以看出来,姜姓女子在当时受欢迎的程度。

　　姜姓美女的第一位代表人物是庄姜,而第二位代表人物,则是庄姜的侄女宣姜。宣姜的人生经历,比传奇小说都要离奇复杂。刚到及笄之年,宣姜就被许配给了卫国国君卫宣公的儿子公子伋。这本来是一桩门当户对的好姻缘,没想到卫宣公是个老色鬼,他听说宣姜漂亮,临时改变了注意。迎亲的时候,他让公子伋出使郑国,自己则李代桃僵,迎娶了这位漂亮的姑娘。可怜的宣姜,上车之前还以为自己嫁了一个英俊少年,下了车才发现,新郎已经换成了一个跟自己爸爸岁数差不多的老头子。但政治联姻就是这样,只看国家不看人,没办法,宣姜也只好接受下来,成了卫宣公的妻子。这就是宣姜这个称号中"宣"字的由来。现在《诗经》中还有一首《新台》，讽刺的就是卫宣公父纳子妻的丑事。

宣姜嫁给卫宣公之后，生了两个儿子，一个是公子寿，一个是公子朔。有了孩子，宣姜的心理也发生了变化，她希望自己的儿子能够成为卫宣公的接班人，这样一来，公子伋就成了她的眼中钉肉中刺。她经常在卫宣公面前说公子伋的坏话，终于有一天，卫宣公下定决心，要把公子伋干掉。他命令公子伋出使齐国，却又暗暗在卫国和齐国的边界埋伏下杀手。这本来是万无一失的勾当，可是谁也没想到，这个阴谋被宣姜的大儿子公子寿知道了。公子寿连忙赶路，追上了哥哥。他强拉着哥哥一起饮酒，把哥哥灌醉之后，自己穿上哥哥的衣服，带上哥哥出使用的白色旄节，率先一步到达了边界。杀手看到有一位青年公子举着白旄来了，也不问青红皂白，上去就把他杀了。这时候，公子伋已经醒来，知道了弟弟的心意，也赶了过来，却还是晚了一步，只看到了弟弟的尸体。公子伋抚尸大哭，对杀手说："我才是你们要杀的公子伋，你们为什么要杀我的弟弟呀！"那杀手怎么办呢？他上来又是一刀，公子伋也倒在了血泊之中。这真是一出人伦悲剧，也被写进了《诗经》里，名叫《二子乘舟》。

这件事对宣姜打击非常大。虽然卫宣公很快就死了，她的小儿子公子朔也确实像她所期望的那样接了班，称为卫惠公，但宣姜始终郁郁不乐。然而，事情到这一步还不算完，还有更神奇的变故在等着她呢。卫惠公接班之后，很多卫国的贵族都不服气，他们发动政变，想要推翻卫惠公。而宣姜的娘家齐国，为了让外甥赢得更多人的支持，居然逼迫宣姜改嫁给自己的庶子，也就是卫惠公同父异母的哥哥公子顽。这样一来，宣姜又成了自己亲生儿子的嫂子，这是多么混乱的关系啊。宣姜嫁给公子顽之后，又生了五个孩子，其中最小的一个，就是许穆夫人。这样荒诞不经的事情，即使在当时也为人不齿，宣姜也因此留下了淫乱的恶名，《诗经》里有一篇《墙有茨》，据说就是讽刺宣姜跟庶子私通。可是，公道地说，这出父子两代人的大戏，又有多少是宣姜可以控制的呢？她只不过是其中的一个傀儡罢了。

我为什么要在讲许穆夫人之前，先讲这么多她母亲的故事呢？倒不是喜欢八卦，而是想借宣姜的故事说清楚一个时代背景。春秋时期是一个诸侯国之间相互博弈的大时代，身处其中的贵族女子不过是政治工具而已。这是一种注定了的命运，母亲宣姜如此，女儿许穆夫人也不会例外。

许穆夫人长到及笄之年，跟母亲当年一样美丽。这个时候，齐国和许国都来求婚了。许穆夫人是个有见识的女孩子，她知道自己作为政治工具的命运，也愿意发挥自己最大的作用。她派人对国君说，齐国强大，距离卫国又近，而许国则又远又小。如今这个时代强者为王，若是日后卫国有什么危难，齐国是能帮上忙的，我嫁到那边去，不是能更好地报效母国吗？这本来是一番深谋远虑，可是，当时卫国的国君已经换上了卫惠公的儿子卫懿公。卫懿公从父系角度来讲是许穆夫人的堂兄，从母系角度来讲则是许穆夫人的侄子。他是一个目光短浅的人，想不到这么长远的事。他说，许国送来的彩礼比齐国多多了，还是钱要紧！于是，根本没理会许穆夫人的主张，就把她嫁给了许穆公。这就是许穆夫人名号的由来。

就这样，许穆夫人来到了许国。她是个多情的女子，经常登高远眺，思念祖国。她又是个有才华的女子，思念着，思念着，一首首诗篇也就从心中奔涌而出了。其中有一篇叫《竹竿》。

籊籊竹竿，以钓于淇。岂不尔思？远莫致之。

泉源在左，淇水在右。女子有行，远兄弟父母。

钓鱼的竹竿啊又细又长，我曾经拿着它垂钓在淇水上。我难道不思念家乡吗？可是回家的路太远太长。

泉源在左边流淌，淇水在右边奔腾，女子终究要出嫁，远离自己的父母弟兄。

还有一首《泉水》：

毖彼泉水，亦流于淇。有怀于卫，靡日不思。娈彼诸姬，聊与之谋。

出宿于泲，饮饯于祢。女子有行，远父母兄弟。问我诸姑，遂及伯姊。

清清的泉水静静地流，最终流进淇水里。淇水旁边就是我们卫国，我没有一天不在想她！跟我一起嫁到许国的姐妹呀，咱们就一起聊聊家乡吧。

当年出嫁的时候，我曾经歇宿在泲，后来又和送亲的人饯别在祢。女子终究是要出嫁啊，远离自己的父母兄弟。替我问候姑姑们吧，也问候家里的姐妹们。

这两首诗有一个共同的主题："女子有行，远父母兄弟"。这不是许穆夫人一个人的慨叹，这可是中国古代千千万万女子共同的叹息。中国自古奉行外嫁式婚姻，女孩子们刚一成年就要嫁到丈夫的家族，从此和生养自己的娘家渐行渐远。特别是贵族女子，背负着国家之间政治联姻的使命，更是很难再回到母国。《战国策》中一篇文章叫《触龙说赵太后》，其中就有这样一段内容。赵太后虽然很爱自己的女儿燕后，但是每次祈祷的时候都说："请上天保佑我女儿，千万别让她回来吧。"为什么做母亲的要这样祈祷呢？因为古代诸侯的女儿嫁到别国，只有在被废或亡国的情况下，才能返回母国。这样看来，如果不发生意外，许穆夫人再思念家乡，思念亲人，也只能是望洋兴叹了。

可是，就像人们常说的那样，你永远也不知道意外和明天哪一个先到。公元前 660 年，意外发生了，许穆夫人有了一个回母国的理由。怎么回事呢？

如前所述，许穆夫人的堂兄卫懿公是一个外交上非常短视的人，在内政方面更是昏庸无能。卫懿公有一个很特别的爱好，喜欢养鹤。每每看到仙鹤卓尔不群、亭亭玉立的身姿，他就喜不自胜、如痴如醉。有道是上有所好，下必甚焉。卫懿公好鹤，那些想求官邀宠的官员就到处捕鹤，给他进贡。卫懿公的宫中到处都养着鹤，官苑不够了，就不断扩建，这样一来，百姓的负担也越来越重。更荒唐的是，卫懿公还给鹤安排不同的官职，享受相应的俸禄；卫懿公出游，这些鹤也都分班侍从。他让鹤乘的车子，比朝中大臣所乘的还要高级，仙鹤大臣的车驾经过大街小巷时，所有的路人都必须得恭敬地闪避一旁。这不就是玩物丧志吗！

卫国北边的少数民族狄人听说卫懿公行为荒唐，人心不服，觉得有机可乘。公元前 660 年，北狄王率领大军突袭卫国。卫懿公闻讯大惊，赶紧下令征兵。可是，百姓早就受够了卫懿公的暴虐，他们说：既然仙鹤都享受大夫的俸禄，那就让大王派仙鹤去打仗好了！就这样，众叛亲离之下，北狄的士兵长驱直入，卫懿公也死于乱兵之中。

这个消息传到许国，许穆夫人真是悲痛欲绝。她苦苦请求丈夫许穆公出兵，帮助卫国赶走北狄。可是，许国本身就不是个强国，许穆公又是个胆小的人，他怕引火烧身，百般拖延，不肯出兵。这不正是当年许穆夫人联姻之前就想到的恶果吗！许穆夫人发现求丈夫没有用，干脆自己驾上车，率领着跟她一起嫁过来的姬姓女子，直奔卫国而去。想想看，在那么遥远的古代，那么一群从小娇生惯养的弱女子，驾着马，驱着车，奔走在陌生而又荒凉的土地上，该是多么悲哀，多么绝望啊。这不是"沧海横流，方显出英雄本色"那样的个人英雄主义，这是一种出嫁女儿对娘家、对母国义无反顾的眷恋和忠诚。这种眷恋和忠诚，即便在两千多年之后，还是那么令人动容。

可是，一个诸侯国国君的夫人跑回已经亡国的母国，这在当时是不合规矩的，所以，许穆夫人前脚刚走，许国的大臣们后脚就追上来了，他们对许穆夫人百般劝谏，有的劝她不要莽撞，三思而后行；有的劝她事已至此，别做无用功；还有的拿礼法约束她，告诉她父母不在了，诸侯的女儿就不能再回娘家。总之就是希望许穆夫人能够掉转车头，回到许国去。

怎么办呢？许穆夫人实实在在陷入了进退两难的境地。往前走吧，大臣们不允许；往回走吧，她又无论如何不甘心。她一会儿跟大臣们吵架，说他们不体谅她；一会儿又恳求他们，请他们放她回去。她把这些心情写进诗里，这就是："既不我嘉，不能旋反。视尔不臧，我思不远？既不我嘉，不能旋济。视尔不臧，我思不闷？"但是，无论如何不甘，她还是被许国的大夫们簇拥着，慢慢往回走了，她时而登上山岗，时而穿过原野。走着走着，一个从许穆夫人少女时代就一直萦绕在她心头的大国身影出现了。为什么不求齐国帮忙呢？虽然没能和齐国联姻，但是，齐国毕竟是卫国的舅舅家呀！她打算亲自跑一趟，她还对卫国的那些大夫说："大夫君子，无我有尤。百尔所思，不如我所之。"你们这帮大夫，别再整天埋怨我了。你们考虑一百次，不如我自己跑一次。

那么，许穆夫人到底有没有到齐国搬救兵？我们并不知道，甚至我们也不知道，她后来是否回到了许国，又如何走完这一生。我们只知道，齐国的国君齐桓公听说许穆夫人驱车救国的事情之后，非常感动，很快派出自己的儿子率领士兵三千、战车三百前往卫国参战。最终，卫齐联军打退了北狄，收复了失地。此后，卫国重新建国，又延续了四百多年，直到公元前209年才灭亡。从第一代国君康叔封国到末代国君卫君角被废为庶人，卫国立国前后长达八百多年，成为整个春秋战国时代存在时间最长的诸侯国。这里面当然也有许穆夫人为祖国载驰载驱，奔走呼号的贡献。

可能有人会好奇，这些事情已经过去两千多年了，你又是如何得知的呢？因为许穆夫人写了一首诗，名叫《载驰》。《载驰》的第一句，就是"载驰载驱，归唁卫侯"。打起马来快快跑呀，我要回家去吊唁卫侯。想想看，这种拯救娘家的心情，该是何等急迫！这种载驰载驱的举动，又是何等果决！

自古以来，人们都把《载驰》视为中国最早的爱国主义诗篇。可是，这首诗其实并不像后来我们经常会想到的那些爱国诗篇，它没有"黄沙百战穿金甲，不破楼兰终不还"式的豪言壮语，也没有"人生自古谁无死，留取丹心照汗青"式的慷慨悲壮，它其实只是一个外嫁女子椎心泣血的牵挂和飞蛾扑火一般的努力。许穆夫人甚至挣扎到最后也没能再回到卫国，但是，她仍然愿意赴汤蹈火。之所以如此，只是因为那是她少女时代垂钓的地方，那里有她挚爱的父母兄弟。"女子有行，远父母兄弟"，这真是一种太大的遗憾。即使一生不能再见到他们，她也永远愿意为他们"载驰载驱"，这就是中国古代妇女的家国情怀。日后，我们在王昭君身上，在义成公主身上，还能继续看到这种情怀的光芒。这就是因为爱而产生的力量，谁也别忽视这温柔而坚定的力量。

029

西施

　　春秋时期不仅仅是一个百家争鸣的时代，也是一个诸侯争霸的时代。争霸战争的正面，当然是明君贤臣，文韬武略；争霸战争的背面，却也不乏鬓影衣香，美人心计。本篇讲述的便是中国第一个美人计的主人公西施的故事。

　　西施参与的这次美人计可不是个小计谋，它关涉春秋末年吴越争霸的大问题。中国古代有春秋五霸的说法。哪五霸呢？说法之一是齐桓公、晋文公、楚庄王、吴王阖闾、越王勾践。争霸战争刚开始的时候，霸主还在中原；到了春秋末年，霸气就逐渐往东南移动了。当时长江下游地区有两个比较大的政权，一个叫吴国，位置偏北，都城在现在的江苏；一个叫越国，位置偏南，都城在现在的绍兴。当时中原还是政治中心，也是经济最发达的地区，无论哪个诸侯国，要想称霸，必须得剑指中原。这样一来，吴国若是想争霸，就得解决越国，否则就会腹背受敌；而越国想要争霸，更是要解决吴国，否则就没法北上。这样一来，比邻而居的吴国和越国就成了对头，相互大动干戈起来。

双方几轮交手之后，吴国占了优势，吴王夫差率军占领了越国的都城会稽，把越王勾践和他的五千军队包围在了会稽山上，越王勾践走投无路，请求臣服于吴。称臣的代价当然要小于亡国，不过，称臣也不是那么容易的事。为了羞辱越国，吴王提出一个条件，就是越王勾践夫妇必须到吴国当三年奴隶。

如今有一句俏皮话，叫作"杀伤力不大，侮辱性极强"。勾践夫妇面对的大概就是这样一种局面。勾践本来是一国之君，到了吴国，却要给吴王驾车养马；勾践夫人原本是一国之母，此时却要给吴王除粪洒扫。原本高高在上的两个人低头折节，干的都是最脏最累的活儿，这难道不是最大的羞辱吗！可是，有一口气在心里顶着，勾践夫妇还真就忍下来了。就这么战战兢兢过了两年多。到第三年，吴王夫差生病了。所谓病来如山倒，病去如抽丝。夫差的病总不见好，把他的心气也消磨掉了大半。这时候，勾践卑躬屈膝地走到夫差的病榻前，说自己学过一个尝粪诊病的法子，想尝尝夫差的粪便，看看病情如何。说着，就自然而然地把手指伸进夫差的粪桶里，拿出来舔了舔，然后喜形于色地说："大王快好了！因为当年我的师父告诉我，如果粪与时气不合，那就是病加重了；如果粪味合于时气，那就是病快好了。大王的粪有一股酸苦味，恰恰顺应了春夏之气，所以我相信大王快好了！"勾践这一番表演，会不会让人觉得太假，太诣媚，太夸张了呢？如果换作我们一般人，也许会怀疑他别有用心。但是自古以来，君主就对阿谀奉承有着超高的适应性，夫差并不觉得勾践夸张，只觉得他忠诚。而且，受到这么一番精神鼓舞，夫差的病还真的好了。这样一来，勾践算是立了一功。所以，到了三年为奴期满，夫差一点都没为难他，让他平平安安地回到了越国。

这一番痛苦的经历真是最好的人生教育，它让勾践整个换了一个人。相传回到越国后，勾践放着华美的床榻不住，就睡在稻草上，稻草之上再吊起一个苦胆，每天吃饭之前都要舔一舔，品味一下这难以下咽的苦涩。这就是成语"卧薪尝胆"的来历，勾践时时提醒自己不忘耻辱。可是，仅仅不忘耻辱还不够，勾践内心真正追求的是雪洗耻辱。

怎样才能雪耻呢？勾践对内做了两件大事，一是养民，一是练兵。为了能让刚刚吃了败仗，受了损失的老百姓缓一口气，勾践夫妇食不加肉，衣不重采，尽量减少政府开支；同时，他们还放下身段，勾践和老百姓一块儿种田，夫人跟民间女子一起织布。就这样，社会的活力一点点恢复了起来。再看练兵。所谓练兵，自然包括水战陆战、进攻退守等方方面面的内容，而其中最具传奇色彩的故事，就是越女剑了。春秋时期还属于贵族之间近身格斗的时代，剑是主要兵器。吴越两国都以铸剑精良著称，1965年越王勾践剑出土，1976年河南辉县吴王夫差剑也重见天日。两柄剑都寒光凛凛，锋芒逼人。可是，剑器的精良并不等于剑术的高明。据说，吴国军队的剑术远在越国之上。怎么办呢？勾践搜求天下，想要找出一位剑术达人，帮自己训练军队。苦苦搜寻之下，勾践的谋臣范蠡在山林之中找到了一位少女，此人不仅练就了一身剑术，还有一套自己的理论。勾践求贤若渴，既不问出身，也不论性别，把她请到宫里，聘请她担任越国军队的军事顾问，指导士兵击剑。几年下来，终于训练出了一支剑术精良、天下无敌的军队。这其实就是金庸先生武侠小说《越女剑》的原型。这样的故事虽然不可尽信，但是，从大体方向来说，总会反映着一点历史的影子。民养富了，兵练强了，越国也发生了脱胎换骨的变化，非复吴下阿蒙了。这在历史上称作"十年生聚，十年教训"。

那么，是不是这样就可以报仇雪恨了呢？还不行。打仗讲究的是知己知彼，单是自己一天天强起来还不够，还要让敌人一天天弱下去。为了能让吴国弱下去，勾践的另一位谋臣文种提出了伐吴七术，其中第三条就是美人计。按照文种的说法，吴王夫差是个好色之徒。如果送一个绝色美女到夫差身边，既能显示勾践的忠诚，又能消磨夫差的意志，还能顺便探听吴国的动向，真是一举三得的好计谋。

可是，美人计的核心毕竟不是君王，而是美人。不世出的美人就像不世出的才子一样，也许一两百年才能出那么一个，而且还不知道生在何地，养在谁家。到哪里去找这样的美人呢？勾践把身边的美女检阅了一遍，觉得都不足以担此大任。罢了，还是相信高手在民间吧，既然范蠡能够找到舞剑的侠女，他也就应该能找到巧笑的美女。勾践信任范蠡，就把选美的差事交给了他。范蠡果然不负众望，就在句无的苎萝村，也就是今天浙江省绍兴市诸暨苎萝村，挑中了正在浣纱的西施。

西施美在哪里呢？如果说，春秋时代头号大美女庄姜的最大特点是"巧笑倩兮，美目盼兮"，那么，西施最大的特点就是"宜笑复宜颦"了。她真是一位笑也好看，愁也好看的姑娘。这个特点其实是庄子说的。《庄子·天运》里讲了一个西子捧心的故事。西施因为心口疼而捂着胸口，皱着眉头，邻居都夸她好看。邻居家一个丑女人看见了，还以为皱着眉头就是美，回去后也捂着胸口，皱着眉头。结果邻居一看，都吓跑了。这就是成语"东施效颦"的来历。后来，大诗人李白写《玉壶吟》，里面有"西施宜笑复宜颦，丑女效之徒累身"这么两句，用的就是这个典故。再到后来，宋朝的大文人苏东坡说"欲把西湖比西子，淡妆浓抹总相宜"这么两句，其实灵感仍然来自"西施宜笑复宜颦"。

不过，单说"西施宜笑复宜颦"，毕竟还不大具体。我们都知道，美是有不同风格的，有艳丽，也有清新；有大女主，也有小妖精。西施到底是哪一种美呢？我个人理解，西施的美应该是一种娇羞纯真、楚楚可怜的美。为什么呢？首先，西施是越国人，江南水乡的女子本来就玲珑秀气。西施又是出身于民间的浣纱女，自然带着小家碧玉的娇羞。另外，西施是勾践送给吴王夫差表忠心的，既然如此，这美女自然不敢心高气傲，而是百依百顺，小鸟依人。换言之，西施应该不像齐国美女庄姜那样"硕人其颀，衣锦绸衣"，而是更像李白所写的那首《西施》："西施越溪女，出自苎萝山。秀色掩今古，荷花羞玉颜。浣纱弄碧水，自与清波闲。皓齿信难开，沉吟碧云间。"什么意思呢？这西施是越溪水乡的女儿，她一抬头就能看见青葱的苎萝山。她是那么秀气，古今少有，连粉嫩的荷花在她面前都低下了头。每天都在清清的溪水边浣纱，她的心情就和碧水一样悠闲。她很少开口说话，她的心事都藏在了天上的云间。想想看，这是一个多么自然纯真的女孩子呀。后来，人们都不满足于"荷花羞玉颜"了，又制造出了"沉鱼"的说法，说只要看见西施，连溪水中的鱼儿都不免自惭形秽，沉到水底。古代四大美女——西施、昭君、貂蝉和杨贵妃分别号称沉鱼、落雁、闭月、羞花，所谓沉鱼，正是人们对西施的赞叹。总之，西施就是一个出自大自然的精灵，勾践和范蠡希望她能够带着这种不一样的风范，给吴王一个不一样的诱惑。

范蠡找到了一个绝色美女，接下来是不是就要直接送给吴王？如果真有那么简单，那就叫送美人，不叫美人计了。就像那些我们现在看来最自然的诗歌其实都经过诗人的精心打磨一样，西施这个最具原生态的美女也要经过训练，才能承担那么大的政治使命。训练什么呢？训练举止坐卧，训练唱歌跳舞，当然，也训练政治手腕，更训练政治忠诚。这样一训练就是三年。三年之后，西施毕业了。这时候，她已经从清纯的浣纱女化身为一件华丽的武器，施施然来到了吴王面前。

到了吴王宫里，西施又有怎样的表现呢？李白有一首《乌栖曲》，写得最好："姑苏台上乌栖时，吴王宫里醉西施。吴歌楚舞欢未毕，青山欲衔半边日。银箭金壶漏水多，起看秋月坠江波。东方渐高奈乐何！"姑苏台上的乌鸦都回窝栖息的黄昏之时，吴王宫里西施醉舞的欢宴才刚刚开始。吴歌楚舞还未结束，西边的山峰就已经吞没了半轮红日。金壶中浮着银箭，壶中的水已经滴走了一大半，吴王慢慢地站起身，眼看着一轮秋月没入江心。天怎么这么快就亮了呢？明明我还如此意犹未尽！就这样，西施载歌载舞，时笑时嗔，一点点消磨着吴王的意志，也一点点消耗着吴国的钱财。据说，吴王夫差专门为她修建了一座离宫，取名馆娃宫，宫里铜勾玉槛，金碧辉煌。西施不是擅长跳舞吗？宫里有一条长长的响屧廊，每天，西施跳着轻快的舞步就在这条回廊里穿梭。一座离宫哪里够用呢？没过多久，吴王夫差又在馆娃宫外营造了诗中提到的姑苏台。姑苏台横亘五里[1]，花了三年多时间才建成。姑苏台上建了一座春宵宫，吴王每天和西施在这里作长夜之饮。

可是，就像《红楼梦》里说的："千里搭长棚，没有个不散的筵席。"公元前482年，踌躇满志的吴王夫差通知中原诸侯到黄池（今河南封丘）会盟。所谓会盟，就是昭告天下，宣示自己的霸主地位。这本来是吴越两国都追求的目标，此刻夫差实现了，他既有了美人，又有了功业，这难道不是人生的巅峰吗？吴王的心都醉了。可是，谁也没想到，就在这个时候，越国突然出兵，打到了吴国的都城，还杀了吴王的太子。吴王大惊失色，匆匆奔回国中，反过来跟越王请和。越王勾践想了一下，点头答应了。可是，这次和平并没有维持多久。此后的公元前478年和公元前473年，越国两次攻打吴国，最终把吴王逼到了姑苏山上。吴王派手下肉袒膝行，向越王勾践哀求说，越王无论开出什么条件，他都答应。换句话说，如果勾践让他也当三年奴隶，他保证二话不说，立即服从。这样一报还一报，难道不是勾践梦寐以求的事吗？勾践本想答应下来，谋臣范蠡却发话了：过去天意叫吴国灭掉越国，可吴国偏偏不干；现在天意叫越国灭掉吴国，难道大王要违背天意吗？就这样，求和不成，吴王夫差自刎而死，越王勾践在徐州（今

---

[1] 里，市制中的长度单位，1里＝500米。——编者注

山东滕州）会盟诸侯，成为春秋时期最后一位霸主。

吴越争霸的故事到此结束了，那么，西施又如何了呢？关于西施的结局，历史上至少有六种记载，其中有一种记载流传最广，这就是东汉史书《越绝书》里的说法："西施，亡吴后复归范蠡，同泛五湖而去。"吴国灭亡之后，西施跟范蠡一起走了，从此泛舟于三江五湖之间。这真是一种浪漫至极的说法，它其实隐含着一个前提：当年，西施的美不仅打动了夫差，也打动了选美的范蠡，只不过那个时候，有更重要的任务担在两个人的肩上，所以，范蠡也罢，西施也罢，都只能把私情深深埋在心底，去承担更大的国家责任。现在，国事已了，心意仍在，渡尽劫波的有情人终成眷属，他们彻底摆脱了政治羁绊，驾一叶扁舟，双双消失在烟波浩渺中，这是多么完美的结局呀。后来，大凡文学作品，诗歌也罢，小说也罢，都愿意相信这一种结局。

那么，这个说法的可靠性到底有多大呢？其实并不大。因为还有另外一种更早的说法，说西施被吴王沉江了。就在吴国灭亡几十年之后，墨家学派的创始人墨子留下一篇《亲士》："比干之殪，其抗也；孟贲之杀，其勇也；西施之沉，其美也；吴起之裂，其事也。"文中提到的这些人都因为各自的特长招来了杀身之祸，其中，西施就是因为美貌才被沉入大江。这种说法一点都不浪漫，但是，它出现得更早，而且，它也更符合人类有仇必报，而且喜欢迁怒于"红颜祸水"的心理特征，所以，它应当比泛舟五湖的浪漫结局更接近事实。如果真是这样，那么，西施也算是为越国牺牲的女烈士，理应赢得越国的尊敬。

可是，历史上还有一种更为暗黑的说法。西施确实是被沉江了，但并不是被吴王沉江，而是死于越人之手。怎么回事呢？据《吴越春秋》记载："吴王亡后，越浮西施于江，令随鸱夷以终。"什么意思呢？吴王夫差死后，越王把西施扔在江水之上，让她随着"鸱夷"漂走了。"鸱夷"又是什么呢？可能有人会以为，"鸱夷"就是"鸱夷子皮"的简称呀，按照史书记载，范蠡后来就改名为鸱夷子皮，所以，这里的"鸱夷"应该就是指范蠡吧？这不恰恰印证了西施追随范蠡泛舟五湖的说法吗？这样理解可就大错特错了。范蠡确实曾改名鸱夷子皮，但"鸱夷"本身就是牛皮筒子的意思。现在很多地方不是还有人用吹鼓了的牛皮筏子过河吗？这样看来，所谓"越浮西施于江，令随鸱夷以终"并不是越王让西施追随范蠡，而是把她放到了一个牛皮筒子上，任她随波逐流了。换言之，西施既没有收获敬意，也没有收获爱情。只是到了东汉时期，人们同情她的命运，这才把鸱夷曲解为鸱夷子皮，也就是范蠡，由此编出西施随范蠡泛舟五湖的浪漫故事。

越王勾践是一个有雄心的人，同时，也是一个最凉薄的人。当年提出美人计的谋臣文种不正是被越王勾践逼得自杀了吗？这就是范蠡所说的"狡兔死，走狗烹；飞鸟尽，良弓藏；敌国破，谋臣亡"。也许，在勾践看来，西施既然能灭了吴国，也就能灭了越国，与其日后受害，不如早早把她除掉算了！"一代倾城逐浪花，吴宫空自忆儿家。效颦莫笑东村女，头白溪边尚浣纱。"普通的浣纱女或许能够在小山村找到人生的归宿，但在春秋五霸的功劳簿上，红颜终究还是找不到自己的位置。其实，放眼望去，找不到位置的又何止是西施呢？实施美人计的西施沉江了，提出美人计的文种自刎了，在这种情况下，当年寻找美人的范蠡如果不挂冠归去，泛舟五湖，又岂能自保！可与君王共患难，难与君王共欢乐，这真是红颜的悲哀，也是忠臣的悲哀。

千年之后，晚唐诗人罗隐写过一首《西施》："家国兴亡自有时，吴人何苦怨西施。西施若解倾吴国，越国亡来又是谁？"家国兴亡自有复杂的缘故，吴国之人又为何要苦苦地埋怨西施呢？如果真是西施颠覆了吴国，那么，越国没有西施，为什么也会灭亡？罗隐写这首诗，当然是为了驳斥红颜祸水的说法，但是，我们今天听来，倒难免有另一番感慨。其实，西施在吴越争霸的过程中还是发挥了作用的，这作用从吴国的角度说自然是祸，但从越国的角度说则是忠。我们固然不应该把历史的责任都推给女人，但是，若要把红颜的力量一笔抹杀，那便也和勾践一样，是辜负红颜了。

第二章

汉魏风华

君楚歌兮妾楚舞，
脉脉相看两心苦

楚汉战争中，站在巅峰、正面对决的是项羽和刘邦，成就历史的雄壮与霸气；而项羽和刘邦背后，又各有一位美女，演绎着人生的温柔与苍凉。站在项羽背后的美女是虞姬，站在刘邦背后的美女就是本篇的主人公——戚夫人。

说到虞姬，肯定有人忍不住玄想，如果楚霸王项羽得了天下，虞姬也就不必自刎。英雄美女，地久天长，那该多好！真的会如此吗？并不尽然。因为楚汉战争中本来就有两对顶级情人组合，一对是项羽与虞姬，还有一对是刘邦和戚夫人。因为争天下失败，项羽和虞姬只演到人生的中场就戛然而止，给人们留下了无尽的浪漫想象；而刘邦和戚夫人一直演了下去，却演出了一场更大的人生悲剧。

戚夫人是定陶人，定陶就在今天山东的菏泽。菏泽自古出美女，当年刘邦还是汉王的时候，一路向东攻城略地，在定陶得到了青春年少的戚夫人。戚夫人跟虞姬一样，能歌善舞。根据《西京杂记》记载，她最擅长跳翘袖折腰之舞。翘袖折腰之舞的情态，我们今天到博物馆里看看汉画像石就知道了。所谓折腰，既不是往前弯，也不是往后弯，而是向身体的两侧弯，而翘袖，则是在折腰的同时把两个胳膊伸出来，和弯下来的上身平行，然后让袖子平着甩出去。折腰翘袖，考验的不是热舞的劲爆火辣，而是身段柔软、举动舒展的华贵风范。在唱歌方面，戚夫人最擅长唱"出塞""入塞"这一类边塞歌曲，把战士们的心思唱得悲壮动人，每次她一唱，几百个宫女都跟着和，声音响遏行云。除了唱歌跳舞之外，戚夫人还擅长下棋，据说，每年八月四日，她必然要跟刘邦下一盘棋，以这盘棋的输赢来预测未来。所以，很多地方都把戚夫人称作中国第一个女棋手。一个貌美如花的女子，又那么才华横溢，谁会不心动呢？戚夫人很快就成了刘邦的红颜知己，刘邦出征打仗，总要让戚夫人陪在身边；戚夫人也义无反顾，跟着刘邦出生入死，也跟着刘邦艰苦突围。这样的两个人物，这样的人生经历，是不是很像项羽和虞姬的故事？

可是，接下来的事情就不一样了。公元前202年，刘邦最终打败项羽，当了皇帝。而戚夫人生了一个儿子，取名叫如意。从这个名字就可以看出来，当年的戚夫人是何等心满意足！可是，丈夫有了皇位，自己再有了儿子，戚夫人慢慢地变了，从一个多情的文艺女青年变成了一个虎视眈眈的老母亲。她一有机会就跟刘邦进言，让刘邦立自己的儿子如意当太子。问题是，刘邦当时已经立了太子，名叫刘盈，是刘邦跟吕后所生的儿子。中国古代实行嫡长子继承制，所谓嫡长子，就是正妻所生的大儿子。吕后是刘邦的正妻，刘盈是吕后的大儿子，所以，刘盈当太子是名正言顺，这就叫"子以母贵"。

戚夫人不是不知道子以母贵这个原则，但是，在现实生活中，还有另一个原则，也很重要，叫作"母色衰则子爱弛"。这么多年刘邦东奔西走，都是她陪在身边；而吕后年老色衰，一直留守后方，一年到头，跟刘邦也见不了几面。糟糠之妻那点情分，哪里抵得上她朝朝暮暮的温柔！老百姓都知道"母爱者子抱"的道理，戚夫人为什么不能让儿子"子以母贵"呢！一有机会，戚夫人就把刘如意抱到刘邦面前，让他看，这么聪明伶俐的儿子，怎么就不该有个更好的出路呢！每次说着说着，戚夫人就不由得哭起来，哭得梨花带雨。刘邦呢，也觉得太子刘盈过于软弱，倒是小小的刘如意，一举手一投足都跟自己一样英武，慢慢地就动了废立之心。

可是，废立太子是件动摇国本的大事，几乎所有的老臣都反对。比如，一着急就口吃的周昌，一听刘邦说要废太子，马上就叫了起来："臣口不能言，然臣期期知其不可。陛下虽欲废太子，臣期期不奉诏。"有一个成语叫期期艾艾，形容人说话口吃，表达不流畅，其中"期期"这一半就是从周昌这儿来的。再比如，替刘邦制礼作乐的叔孙通，本来是一介儒生，文质彬彬，这时候却硬气起来，他说："陛下若是一定要废长立幼，可别怪我拿一腔热血弄脏了陛下的台阶！"这些大臣都很有分量，可是，刘邦也是个霸道总裁，而且越到晚年越固执，面对重重阻挠，他就撂下一句话："我终究不会让那个扶不上墙的东西位列我的爱子之上！"这不是明摆着要废掉刘盈，改立如意当太子吗！眼看着皇帝一天比一天强硬，戚夫人的笑容也一天比一天多了。

可是她小看了一个人。谁呢？太子的母亲吕后。吕后确实不如她年轻，不如她漂亮，更不如她得宠，但是，这么多年，吕后是风里雨里打拼过来的，几乎跟刘邦一样有勇有谋。当年，刘邦是个浪荡子，根本不管家事，是吕后在家里养老育幼，里外操持。后来，刘邦跟项羽打仗，项羽抓不住刘邦，就把吕后和一双儿女抓了做人质，又是吕后前后周旋，硬是在敌营坚持了一年多。再到后来，刘邦当了皇帝，忌惮韩信、彭越这些封王的将领，还是吕后施展手段，杀了韩信，剁了彭越，帮刘邦解除了后顾之忧。可以说，大汉王朝的建立有她一半的功劳，她怎么可能把这锦绣江山拱手让人呢！

面对戚夫人的强势进攻，吕后自己很难招架，但是，她不需要，也不应该单打独斗。吕后是一个能知人，也会用人的政治女性，她找到了著名的谋臣张良。张良是汉初三杰之一，当年，刘邦说"夫运筹策帷帐之中，决胜于千里之外，吾不如子房"，就是承认自己不如张良有智谋。当时，张良已经称病在家了。刘邦不用他，正好，吕后用他。在吕后的恳求之下，张良出了一个主意。他说："天下的人，陛下都能搞定，因此也都不放在心上。只有四个人，陛下始终搞不定。这四个人一个叫作东园公，一个叫作夏黄公，一个叫作绮里季，一个叫作甪里先生。他们四位，人称'商山四皓'，自从秦朝末年就隐居在商山，不向任何人称臣。陛下往年也曾征召过他们，但他们嫌陛下傲慢，坚决不下山。可是，他们越是不合作，陛下内心越敬重他们。如今您若能不吝惜财宝，再让太子亲自写一封信，卑辞厚礼，把这几个人请下山，陪太子露露面，陛下定然会对太子刮目相看。"

过了一段时间，刘邦举行宴会，太子还像往常一样出席陪侍。但是，这一次，太子不是单枪匹马，他的身后还跟随着四位须发皆白的老人家。刘邦一看，大吃一惊道："你们莫非就是传说中的商山四皓？我让你们下山你们都不肯，现在怎么会心甘情愿地追随在太子左右呢？"商山四皓深施一礼说："陛下轻视读书人，我们自然不愿下山受辱。如今太子仁孝，尊重读书人，天下人都愿意为太子效力，我们自然也不例外。"就这么一问一答，刘邦就把废太子的念头放下了。商山四皓何以有如此大的能量呢？因为他们代表的是民心。中国历来讲究"得民心者得天下"。本来，朝廷的心就在太子这边；现在，民间的心也到了太子这边。在这种情况下，刘邦若硬要改立太子，不就成了独夫民贼了吗？当年，秦始皇就是因为接班人没有选好，最终家国不保，刘邦刚刚推翻秦朝，又怎么会不知道独夫民贼的下场呢？

想明白这一点，刘邦决定认输了。他对戚夫人说："我的确是想让如意接班，可是，连商山四皓都下山辅佐太子，看来太子羽翼已成，动不了了。"戚夫人听罢失声痛哭，刘邦说："你再为我跳一曲楚舞，我也再为你唱一首楚歌吧。"唱什么呢？"鸿鹄高飞，一举千里。羽翮已就，横绝四海。横绝四海，当可奈何！虽有矰缴，尚安所施！"什么意思呢？鸿鹄高飞啊，一飞千里。羽翼已成啊，横渡四海。横渡四海啊，还能如何？再有弓箭罗网，又有什么用呢？这声调，这气象，像不像项羽当年唱的《垓下歌》？"力拔山兮气盖世，时不利兮骓不逝。骓不逝兮可奈何，虞兮虞兮奈若何！"项羽向上天认输了，而刘邦则是向自己的儿子认输了。项羽唱罢《垓下歌》，自己很快兵败被杀，虞姬也自刎而死；而刘邦唱罢《鸿鹄歌》，也很快就病逝了，但戚夫人还活着。

这时候，汉朝真正的统治者变成了吕后。当年戚夫人对吕后苦苦相逼，此刻再到吕后手下讨生活，谈何容易！刘邦一死，吕后马上剃光了戚夫人的一头长发，让她戴上铁链，穿上褐色的粗布囚服，把她关在永巷之中，天天舂米。这本来是汉朝女性刑徒的标准生活模式，可怜的戚夫人一贯承宠，哪里受得了这样的苦日子！她不是爱唱歌吗？此时此刻，抱着沉重的木杵，戚夫人又唱了起来："子为王，母为虏。终日舂薄暮，常与死为伍。相离三千里，当谁使告女。""女"在这里是"汝"的通假字，戚夫人这是把儿子当成了倾诉对象："儿子你封了赵王啊，母亲我倒成了女奴。每天舂米直到太阳落山啊，还要时时担心死神来到面前。咱们俩相隔三千里啊，谁能告诉你我处境的艰难？"这首歌写得质朴无华，却又情真意切。而且，诗的后四句"终日舂薄暮，常与死为伍。相离三千里，当谁使告女"，还被认为是中国最早的五言诗。戚夫人脱口而出，即成诗篇，可见的确是个灵秀的女子。可是，后宫之中，比拼的终究是政治智慧，而不是灵秀婉转。这首歌在政治上太不聪明了。此前，吕太后惩罚的还只是戚夫人，可是，这首歌让她嗅到了里应外合的风险。刘邦死之前，已经把刘如意封为赵王。赵国是个大诸侯国，实力雄厚。等刘如意长大了，羽翼丰满，会不会对吕后和她的儿子构成新的挑战呢？

吕后从来都是一个当机立断、不留后患的人，既然思虑至此，她立刻召赵王如意入宫。可是，她的用心马上就被儿子刘盈知道了。刘盈真是个再仁慈不过的好人，虽然当年戚夫人几次三番想用自己的儿子顶掉他，但是，他并没有因此迁怒于这个年仅十岁的孩子。怎么保护弟弟呢？刘盈不等吕太后下手，亲自跑到霸上迎接弟弟，安排他住进自己的官里，每天吃在一起，睡在一起，让吕后找不到下手的机会。可是，在强大的杀意面前，再严密的防守也会显得千疮百孔。有一天，刘盈早起打猎，而刘如意却是小孩子心性，赖床不肯起来。刘盈没办法，只好自己先走了，等他回来，看到的已经是弟弟的尸体。

赵王刘如意一死，戚夫人最后的保护伞也失去了。吕太后将戚夫人斩去手脚，熏聋双耳，挖掉双目，又灌了哑药，抛入厕所之中，称她为"人彘"。可怜戚夫人天仙一样的品貌，竟然以这种最悲惨也最肮脏的方式死去。这样的结局，比起楚帐前自刎的虞姬，是不是差了千里万里？

中国人是最有同情心的。虞姬死后，人们传说虞美人花是她的化身，从此，虞姬就活在了春天里，也活在了《虞美人》的词牌里。那戚夫人呢？戚夫人死后，人们把她奉为厕神。厕神的祭日是正月十五，所以，每年正月十五都会有人给厕所里的簸箕上扎一朵花，求它保佑一年安康。虽说都是纪念，可厕神感觉无论如何也不如虞美人那么美好。这样看来，和虞姬相比，戚夫人完败。

戚夫人到底输在哪里？有人说，戚夫人先是不应该争。若决定争了，就不应该苟活。若决定苟活了，就不应该抱怨。她这是一步错，步步错。是不是呢？其实并不尽然。就说争吧，那些说你不该争的人，往往是还没有得到你的机会。《红楼梦》里，同为贾政的小妾，为什么赵姨娘争，周姨娘不争？真正的原因不在于性格强弱，而在于赵姨娘有探春和贾环这一儿一女，她才有争的心气，也有争的资本。当年，项羽不是皇帝，虞姬也没有儿子，她还没有可争之物，为什么要争？但戚夫人不一样，她什么都有，她怎能放下，又凭什么不争呢？再说苟活。看淡生死的烈士固然令人敬仰，但是，"千古艰难惟一死"也是人之常情。特别是在那种温水煮青蛙式的圈套面前，你只觉得日子一天比一天艰难，但你怎么会知道，哪一刻才是生死的临界点？在临界点真正到来之前，绝大多数人都会选择忍耐，忍耐到不仅没有反抗的能力，甚至连死的能力都没有了。戚夫人不正是如此吗？再说抱怨。大多数情况下，抱怨不正是我们对抗生活的解压阀吗？我们遇到不公正，说出来，发泄两句，心情就好了很多。孔子说："诗可以兴，可以观，可以群，可以怨。"诗歌本来就是人们表达不满的一种方式，戚夫人心中不平，为什么不可以"情动于中而形于言，言之不足，故嗟叹之；嗟叹之不足，故永歌之"？这样看来，争不是错，苟活不是错，抱怨也不是错。

那么，戚夫人到底错在哪儿？从个人来讲，她最大的错误在于，从前到后，她依靠的始终是女性的原始资本，而不是社会资本。她把自己化身为一株女萝，依附在一棵大树上。开始的时候，这棵大树是刘邦，她要给儿子争一个太子的位置，就只会去对着刘邦哭闹。她从没想过要争取大臣，更没想到要亲近社会贤达，她连一个帮手都没有，按照古代的说法，她没有羽翼。这样的人可以是讨人喜欢的生活伴侣，但做不了相互成就的政治伴侣。刘邦是一个真正的政治动物。他不是不喜欢戚夫人，也不是不喜欢刘如意，但是，他一旦看见吕后用人有道，太子羽翼已成，就会立刻接受现实。唐朝诗人李昂写过一首《赋戚夫人楚舞歌》，里面有这么几句："君楚歌兮妾楚舞，脉脉相看两心苦。曲未终兮袂更扬，君流涕兮妾断肠。"看起来好像是刘邦和戚夫人心心相印、平分苦乐吧？其实不然。刘邦唱过、哭过之后，马上就放弃了戚夫人，因为戚夫人实力不够，只能出局了。就在这一刻，戚夫人已经注定了后面的悲剧结局。这本该是多么痛的领悟！可戚夫人并没有领悟。她随即又把心中的大树换成了儿子。她唱起了"相离三千里，当谁使告女"，她希望小小的儿子来解救她，而这种期望，最终却造成了儿子和自己的惨死。说到底，戚夫人只是一个唱歌跳舞、娱乐君王的宠姬，她不是政治人物，却又一脚迈进了政治的绞肉机中，让自己粉身碎骨，这是她个人的错误。

可是，这宠妾的身份，女萝一样的人格，原本不就是当时社会给她的定位吗？刘邦身边有戚夫人，项羽身边有虞姬，她们承担的本来就是"美人"职能，这职能是装点性的，而不是实质性的，所以，她们才随时可以被抛弃，被牺牲。

行文至此，再回过头来，我们也许会觉得虞姬幸运：她和戚夫人原本都是一样的人，只不过，她倒在了人生的高光时刻；而戚夫人呢，却被迫走完后面的暗淡人生。可是，这高光也罢，暗淡也罢，她们都不能左右，只能承受，这才是她们共同的悲剧——作为美人，也仅仅作为美人的悲剧。

李夫人

　　说到中国古代的光荣史，影响力最大的一个词就是雄汉盛唐。汉朝以雄壮著称，而这雄壮的顶点，是在汉武帝时期。本篇的主人公，就是汉武帝的皇后李夫人。之所以选择她，是基于这样一种反差的魅力——汉武帝可以让强悍的匈奴人远遁，却无法让柔弱的李夫人回头。

　　汉武帝刘彻是中国古代最为雄才大略的皇帝之一，他的皇后们也都卓尔不群，留下好多动人的佳话。为什么说他的皇后们呢？因为汉武帝的皇后不止一个。汉武帝活了近七十岁，当了五十五年皇帝，生前先后立过两个皇后，一个叫陈阿娇，一个叫卫子夫。但是，陈阿娇很早就被废黜了，而卫子夫又因为卷入巫蛊之祸中，自杀身亡。所以到汉武帝辞世的时候，居然没有皇后可以配享祭祀。皇帝怎么能够没有皇后呢？辅政大臣霍光做主，追封汉武帝生前最宠爱的李夫人为孝武皇后，陪葬茂陵，配享宗庙。所以，这李夫人算是死后追尊的皇后，她也是中国古代第一位被追封的皇后。

汉武帝这三位皇后其实个个了得。陈阿娇最著名的佳话是金屋藏娇。当年，阿娇的母亲，也是汉武帝刘彻的姑姑馆陶长公主刘嫖，带着孩子回娘家。她把年方六七岁的小刘彻抱在怀里，逗他说："你要不要娶媳妇呀？"一边问，还一边把身边的宫女一一指给他看。小刘彻看过一遍说，哪个都不好。馆陶公主又逗他："这个也不好，那个也不好，那我的阿娇好不好？"刘彻马上说："若得阿娇作妇，当作金屋贮之也。"这就是成语"金屋藏娇"的来历。想想看，金屋藏娇，是不是会让人产生出一种小公主的既视感？这便是陈阿娇给我们留下的永恒印象。汉朝的公主势力不容小觑，就因为刘彻这么一嘴甜，馆陶公主不仅把阿娇许给了他，还竭尽全力帮他当上了皇帝。这样说来，陈阿娇对汉武帝是有功的。也正因为如此，她当了皇后之后恃宠而骄，没少犯公主病，最后终于落得个被废的下场。据说，陈阿娇被废后，被汉武帝软禁在了长门宫。她还曾拿出黄金百斤，请大文豪司马相如写下《长门赋》，希望能够重新赢得汉武帝的宠爱。这件事又衍生出了一个成语，叫"长门买赋"，或者"千金买赋"。可是，就算司马相如的赋写得再好，陈阿娇也没能重新赢得皇帝的心。这真是"千金纵买相如赋，脉脉此情谁诉"！到这时候，再想想当年金屋藏娇的风光，真是令人不胜唏嘘。

再看卫皇后。如果说陈阿娇的威风是留下了金屋藏娇的成语，那么，卫子夫的霸气则留下了一首《卫皇后歌》。歌云："生男无喜，生女无怒，独不见卫子夫霸天下！"中国古代是农业社会，男子是最重要的劳动力，所以，重男轻女的观念根深蒂固。卫子夫为什么能够扭转传统观念，让人们"生男无喜，生女无怒"呢？歌里唱得很清楚，因为卫子夫作为一个女子，居然霸了天下。卫子夫怎么就能霸天下呢？看看她的兄弟子侄就知道了。卫子夫的弟弟叫卫青，外甥叫霍去病，都是汉朝赫赫有名的大将军。当年，汉朝最大的敌人不是匈奴吗？汉高祖刘邦曾经被匈奴围困在白登山，差一点丢了性命。心狠手辣的吕后，也差一点亲自到匈奴去和亲。可是，到了卫青、霍去病的时代，这个被动挨打的局面被一举扭转了。卫青和霍去病舅甥两人替汉武帝横扫匈奴，一个直捣龙城，一个封狼居胥，把匈奴人远远地赶出了漠南地区，大致就是如今的内蒙古自治区，让汉朝不仅解除了边疆压力，还顺势开通了丝绸之路，把势力一直延伸到西域地区。霍去病那句"匈奴未灭，何以家为"的豪言壮语，直到今天还是那么激动人心。卫子夫有这样战功赫赫的娘家人，腰杆能不硬吗！可是，就算是卫青、霍去病再能打，卫子夫再贤良，最后还是被卷入了莫须有的"巫蛊之祸"中，卫子夫所生的卫太子被逼造反，卫子夫也被迫自杀。一代贤后，未得善终，也是令人感慨。

知道了陈皇后和卫皇后的结局，再来看李夫人，就知道她的本事了。论背景，她远远比不上陈阿娇；论功劳，她又远远比不上卫子夫。可是，在这三位有皇后名分的女人里，只有她生时受宠，死后追封，可以说是生荣死哀，结局比前两位皇后都强。她是怎么做到的呢？

一言以蔽之，李夫人是一位戏剧大师。她最会制造悬念，吊足了汉武帝的胃口，让汉武帝抓不着，猜不透，始终被她牵着鼻子走。这里面有两个故事最具说服力。

第一个故事叫"倾国倾城"，说的是汉武帝初见李夫人的事情。李夫人能到汉武帝身边，其实是她哥哥唱出来的。李夫人出身于音乐世家，这样的家族在古代比较没有地位。她的哥哥李延年不知道犯了什么法，受了腐刑，被迫进宫当了宦官，负责给汉武帝养狗。慢慢地，汉武帝发现他会唱歌，就经常让他唱歌助兴。有一天，李延年对汉武帝说："今天我给您唱一首新歌吧。"唱什么呢？李延年开口唱道："北方有佳人，绝世而独立，一顾倾人城，再顾倾人国。宁不知倾城与倾国，佳人难再得！"什么意思呢？北方有一位绝色美女，她举世无双，而又独立傲然。她只要对守城的士卒瞧上一眼，士卒们就会丢盔弃甲，失守城垣；她若是对君王那么秋波一转，君主也会不理政事，甘心亡国。这些人怎么不知道她会让人倾城倾国呢？可是他们还是忍不住爱她，因为"佳人难再得"！这首诗看似直白爽朗，但其实既神秘，又魅惑。神秘在哪儿？在"北方有佳人，绝世而独立"。这佳人姓甚名谁、年方几何、美在哪里、有何才艺，通通不置一词。它才不会跟你讲什么"手如柔荑，肤如凝脂"，它只告诉你北方有这么一位美女，这美女还特别清高，不爱搭理人。是不是有点"蒹葭苍苍，白露为霜。所谓伊人，在水一方"的感觉？让你仿佛看见了，却又看不清；仿佛在眼前，却又够不着。这就是神秘。再说魅惑。这佳人好不好？一点都不好。她既不贤惠，也不温婉。你若追求她，还得要冒倾国倾城的风险。倾国倾城的说法出自《诗经·大雅·瞻卬》："哲夫成城，哲妇倾城。"原本是说褒姒的故事，可是，就连褒姒也不过是倾城而已，而这个佳人呢？是"一顾倾人城，再顾倾人国"。她回一次头，你的城完了；她回两次头，你的国完了。这是多么危险的女人啊！可是，人心就是这样，全心全意对你好的傻姑娘经常会被辜负，相反，罂粟花一样的"坏女人"却无往而不胜，让人欲罢不能。这不就是李延年所唱的"宁不知倾城与倾国，佳人难再得"吗！这么神秘，这么富有魅惑力的女郎一下子就吸引住了汉武帝。他听得如醉如痴，听完了，还喃喃自语："世界上真有这样的美人吗？"这时候，李延年说了："当然有啊，我妹妹就是这样的美人，我刚刚唱的就是我妹妹。"李延年的妹妹在哪里呢？当时就在汉武帝的姐姐平阳公主府上。就这样，汉武帝抱得美人归。这就是李夫人的来历。

那么，李延年这至关重要的一首歌是即兴发挥，还是蓄谋已久呢？当然是蓄谋已久。参与这谋划的不只是李延年，应该也有李夫人，恐怕还有平阳公主。李延年和李夫人为自身利益谋划也就罢了，为什么平阳公主也会牵连其中呢？要知道，在汉朝，公主姐姐给皇帝弟弟送美女是常态，就连卫子夫也是平阳公主一手物色，送给汉武帝的礼物。到这个时候，卫子夫已经年老色衰了，平阳公主怕她失宠，赶紧再物色一个，这也是公主讨好皇帝的基本手段。不过，无论是谁谋划了这件事，这个主意本身太好了。它吊足了汉武帝的胃口，让居高临下的选妃变成了发自内心的倾慕和兴致勃勃的追求。好不容易追来的美人，怎么会不宠爱呢？从此，汉武帝的下班时间都交给李夫人了，让其他妃子羡慕不已。有一次，汉武帝又来到李夫人身边，忽然一阵头皮发痒，便随手拔下李夫人头上的玉簪，挠了两下。这一挠不要紧，从此之后，后宫美人的发髻上，各个都斜插着一支玉簪，搞得京师之中玉石的价钱涨了好几倍，这才真是"楚王好细腰，宫中多饿死"。再往后，玉搔头就成了美人的标志。白居易的《长恨歌》中，讲杨贵妃马嵬之死，用的就是"花钿委地无人收，翠翘金雀玉搔头"。可想而知，这位玉搔头的主人在人们的心里该是何等迷人！这就是第一个故事"倾国倾城"，是一个戏剧性的出场。

再看第二个故事"相见不如怀念"。这是李夫人临死之前的事情。有汉武帝的宠爱，李夫人几乎什么都有了，她顺利生下儿子，兄弟也当了将军。可是，她唯独没有长寿的福气。没过几年，李夫人生病了，汉武帝牵肠挂肚，亲自去探望她。没想到，一听说皇上来了，李夫人一把拉过被子，把脸蒙了起来，对汉武帝说："妾长期卧病，容颜憔悴，不可以见陛下。我死了也没什么遗憾，只是儿子和兄弟要托付给陛下了，还请陛下看在我的面子上，多多关照他们吧。"听她这么一说，汉武帝特别难过，赶紧说："夫人既然都向我嘱托后事了，为什么要蒙着被子，不让我看你一眼？咱们面对面说几句话不好吗？"李夫人说："妇人容貌未曾修饰，不可以见君父。臣妾如今蓬头垢面，不敢亵渎陛下。"无论汉武帝怎么央求，她就是不露出脸来。可是，她越不让汉武帝看，汉武帝就越想看，怎么办呢？汉武帝央求不成，干脆利诱起来，他说："夫人不是惦记着兄弟吗？你如果让我看你一眼，我就给你加赠千金的赏赐，而且还授予你兄弟尊贵的官职。"没想到，李夫人还是不为所动。她说："授不授官都在陛下，也不在于是不是见妾这一面。"说着，李夫人又把脸转了过去，坚决不让汉武帝看见她的脸。这样争执一番，汉武帝也生气了，觉得李夫人太拿捏，不由得怒气冲冲，拂袖而去。

汉武帝一走，李夫人的姐妹都害怕了，责怪她说："贵人您为什么就不能见见陛下呢？当面跟陛下嘱咐兄弟的事多好，干吗非惹皇帝生气呢？"李夫人流着眼泪说："我之所以不见陛下，正是为了能把兄弟的前程托付给他呀。我不过就是一个以色侍人的女子，陛下看我长得美才会宠爱我，咱们家也才能有今天。可是，以色事人者一定要知道一句话，那就是'色衰而爱弛'。一旦美貌不在了，爱恋也就没了；而爱恋没了，恩义也就断了。陛下如今之所以还能念念不忘来看我，正是因为他还记得我的美。如果我让他看见现在这张憔悴的脸，他讨厌我还来不及呢，怎么会再顾及我的兄弟！所以我不如不见他，给他留下一个美好的印象。"就这样，李夫人至死也没再见汉武帝一面。

这不是又吊足了汉武帝的胃口吗？所以，李夫人去世之后，汉武帝无论如何都放不下她。他让画师画了一幅李夫人像，整天挂在屋子里看。他又到处找一种号称能让人梦到心上人的怀梦草，希望能够在梦里见到她。有一天，汉武帝还真的梦到李夫人了，只见她手里拿着一个东西走进屋来，递给汉武帝，说这是蘅芜香。汉武帝惊喜交加，一下子醒了过来，恍惚之间，仿佛真的嗅到了一阵香气，于是就把做梦的那间屋子改名为"遗芳梦室"。这还不够，他还请方士作法，来为她招魂。那方士点起灯烛，摆上酒肉，又放下一个帐子。然后，请汉武帝坐在另一个帐子里，悄悄地等。等啊等啊，忽然之间烛光摇动起来了，有一个像李夫人一样美好的身影出现了，汉武帝忍不住，一下子站了起来，想要走过去相见。方士赶紧制止他说："阴阳相隔，无法接触，陛下只能远远地看看罢了！"可是，这样一来，汉武帝的思念之情更加不可遏制，他写下了一首诗："是邪，非邪？立而望之，偏何姗姗其来迟！"那影子是你吗？还是不是你？我那么翘首以待地等着你，你那美丽的身影为什么来得那么迟呢？"姗姗来迟"这个成语就是从这儿来的。

就这样，李夫人的形象永远留在了汉武帝心里。汉武帝信守承诺，重重地赏赐了李夫人一家，又让李夫人的兄弟李广利做了将军。他还多次表示，要跟李夫人合葬。所以，在汉武帝死后，霍光才会力主追封李夫人为孝武皇后，并且把她葬入汉武帝的茂陵之中。后来，李夫人的影响力越来越大。到了唐朝，白居易写《长恨歌》的时候，就自然而然地借用了李夫人的故事，让方士也来为杨贵妃招魂。那方士"排空驭气奔如电，升天入地求之遍"，这才成全了杨贵妃和唐明皇"在天愿作比翼鸟，在地愿为连理枝"的传奇。毫无疑问，当白居易写下这些诗句的时候，在他脑海中回旋的，不仅有杨贵妃的故事，也有李夫人的故事。

那么，到底怎么评价李夫人呢？不可否认，李夫人真是个聪明人。她会制造戏剧效果，一次倾国倾城的出场，一次相见不如怀念的收场，让李夫人在汉武帝心中留下了不可磨灭的印象，确保了她的生荣死哀。这无疑是聪明的表演，放在今天，算是编剧、导演和演员一肩挑，这当然是她的聪明。但她还有更聪明的地方，她清楚自己不过以色事人，她从不寄希望于汉武帝生死不改的深情，她只相信汉武帝对花容月貌的眷恋。她那场誓死不见面的戏既是演的，也是真的，所以她才能那么坚定，坚定到冷酷的程度。或许可以说，她最大的聪明是看透了后宫的本质，后宫有多冷酷，她就有多冷静，多决绝。李夫人爱过汉武帝吗？没有人知道。大概她根本不敢想吧，对她来讲，汉武帝只是她的君主，她的身家性命都在汉武帝身上，她怎么可能不管不顾地去爱呢？爱让人头脑发热，而她最大的聪明就是冷静。这样看来，李夫人虽然生荣死哀，却又并不真的值得羡慕，她只是个聪明的可怜人，她的一生，就是一场后宫戏。

王昭君

一去紫台连朔漠，
独留青冢向黄昏

　　汉代号称"雄汉"，在军事上建树颇多。面对北方劲敌匈奴，卫青奇袭龙城，霍去病封狼居胥，都立下不世之功。但是，真正给西汉的汉匈关系画上圆满句号的，并不是这些威名赫赫的大将军，而是一位明眸皓齿的女红妆。这位红妆英雄，就是中国古代最著名的和亲使节王昭君。

　　昭君和亲的故事在中国可谓家喻户晓。传统年画里有"昭君出塞"，戏曲里有《汉宫秋》，词牌里有《昭君怨》，内蒙古、山西等地还留有青冢，据说是昭君的坟墓。此外，王昭君是中国古代四大美女之一，所谓沉鱼、落雁、闭月、羞花，她是落雁的那一位。不过，尽管我们对王昭君这个名字耳熟能详，但是，围绕在她身边的一些历史事实，却又有颇多扑朔迷离之处，值得重新探讨。

第一，王昭君和亲是以什么身份去的？众所周知，和亲是中原王朝和外族之间的一种政治联姻。既然是两个政权之间联姻，派出去的应该是代表皇家血统的公主，至少也得是宗室女子，可是，按照历史记载，王昭君只是汉元帝的宫女，并非公主，为什么也去和亲呢？这就涉及汉朝和匈奴之间的力量对比了。汉武帝以前，一直是匈奴强，汉朝弱。汉朝初年，匈奴曾经把汉高祖刘邦围困在山西大同的白登山上长达七天七夜，差一点要了刘邦的命。从此之后，汉朝就开始跟匈奴和亲了。汉高祖、汉惠帝、汉文帝、汉景帝、汉武帝，接连五任皇帝都曾经嫁宗室女儿到匈奴和亲。但是，这个局面到汉武帝的时候扭转过来了。汉武帝时期，卫青、霍去病横扫匈奴，把匈奴远远地赶出了漠南草原，匈奴从此一蹶不振。到了汉武帝的儿子汉宣帝时期，匈奴呼韩邪单于跟他哥哥郅支单于内斗失败，干脆投降了汉朝，而且还亲身来到长安，成为第一个朝见汉家天子的匈奴单于。再到后来，汉元帝朝中大将陈汤率领大军荡平远在西域的郅支单于，还留下了"明犯强汉者，虽远必诛"的名言。呼韩邪单于又一次躬身入朝，还跟汉元帝提出了"欲取汉女而身为汉家婿"的请求。到这个时候，匈奴已经从汉朝的敌国变成了藩属国，汉朝也就不必那么客气，非要选公主或者宗室女儿和亲了。也正是在这一背景下，出身宫女的王昭君才会成为和亲使者。也就是说，王昭君和亲，恰恰是汉朝强大的产物，根本不是好多人以为的屈辱求和。

可是，无论谁强谁弱，既然是和亲，总要有个身份吧？王昭君不是公主，那么，她的身份是什么呢？她的身份就是"昭君"。"昭君"这两个字，有的史书说是她的名，有的史书说是她的字。

其实都不对，昭君就是一个封号。汉朝有好多身份显赫的妇女都被封为君，比如，汉武帝的外祖母被封为平原君，权臣王莽的母亲被封为功显君。王昭君既然要代表汉朝去和亲，汉元帝便也赐给她一个封号，这封号就是昭君。"昭"字意味着光明，后世避晋文帝司马昭的讳，改称"王明君"，就是从字义转化而来的。"昭君"原本是封号，为什么人们会误以为是她的名字呢？我想，这就犹如大名鼎鼎的女皇武则天，"则天"两字本来是她的尊号"则天大圣皇帝"的简写版，后来人们叫惯了，就当成了名字。

身份的问题解决了，再看第二个问题：汉元帝的宫女那么多，为什么单单挑中了王昭君呢？这就涉及了一个广为人知的故事，说她是被画师坑害了。根据东晋葛洪《西京杂记》的记载，汉元帝后宫佳丽众多，看不过来，汉元帝干脆就委托画师把这些美人都画下来，以便按图索骥，相当于现在找工作的时候，在简历上贴一张照片。让谁去给美人们画像呢？自然是宫廷的画师们。在当时的宫廷画师之中，有一位毛延寿先生最擅长画人物，于是，他就成了这批宫廷画师的代表，以后人们一提到画师，就直接说成是毛延寿了。有道是权力导致腐败，毛延寿拥有定人美丑的权力，自然也就运用这份权力，为自己捞起好处来了。这样一来，给他最多贿赂的女子也就成了最美的女子，以最快的速度来到汉元帝身边。

这秘密王昭君不是不知道，但是，她是个清高的女子，怎么可能靠贿赂画工来邀宠呢？她不屑于行贿，自然就成了众多画像中最丑的那一个，丑得汉元帝好几年都不召见她。等到呼韩邪单于来求亲，汉元帝不仅舍不得公主，也舍不得美女，干脆就把"丑女"王昭君送给了呼韩邪单于。直到王昭君临行之前，汉元帝召见赐宴，这才发现，此女国色天香，艳冠后宫，比自己身边那些宠妃都强百倍。看看眼前的真人，再想想之前的画像，汉元帝自然明白了其中的猫腻。怎么办呢？作为皇帝，他不能失信于人，只好眼睁睁地看着王昭君飘然而去；但是，作为委托人，他恨透了不讲操守的毛延寿，很快就把毛延寿抓了起来，处以死刑，以泄心头之恨。

一个人受了委屈，本来就会激起别人的同情，更何况是一个貌美如花的女子！王昭君身为美女而被画师耽误，遇人不淑，不就相当于一个才华横溢的文人受小人排挤，怀才不遇吗！这太让文人们感同身受了。所以，这个故事一出来，文人们就不断写诗作文，敷衍铺陈，让这个故事越传越广，以至于很多人一提起王昭君，就会想到毛延寿，而且，一提到毛延寿，就咬牙切齿，怒形于色。传世戏曲中，无论是《汉宫秋》还是《昭君出塞》，毛延寿都是个著名的丑角。

当然，也有少部分文人反其道而行之，替毛延寿鸣冤。最著名的就是北宋"拗相公"王安石的《明妃曲》。"明妃初出汉宫时，泪湿春风鬓脚垂。低徊顾影无颜色，尚得君王不自持。归来却怪丹青手，入眼平生几曾有？意态由来画不成，当时枉杀毛延寿。"什么意思呢？踏出汉宫的时候，王昭君泪眼婆娑，一头秀发也让风吹得凌凌乱乱。可是，就算她无心梳洗，花容憔悴，照样让汉元帝惊为天人，苦苦留恋。汉元帝送行回来就怪罪上了画师，说这样的美色他一辈子未曾得见。可是，王昭君的风度本来就不是图画所能描绘的，就算杀了毛延寿也是枉然。这首诗貌似是给毛延寿鸣冤，其实是在赞颂王昭君的高贵气度，而王昭君的高贵气度背后，又隐含着王安石对文人风骨的自我标榜，因此并非专为毛延寿平反，而是"醉翁之意不在酒，在乎山水之间也"。

还有一些文人干脆放过毛延寿，直接把矛头指向了汉元帝。比如，《红楼梦》第六十四回，曹雪芹就假借林黛玉之手，写过一首《五美吟·明妃》："绝艳惊人出汉宫，红颜命薄古今同。君王纵使轻颜色，予夺权何畀画工？"一个当皇帝的，就算是再轻视美色，也不应该把选美的权力交给画工呀！也就是说，正是因为君主昏聩，大权旁落，才给了画工们上下其手的可能，这不就是借着画工骂皇上，希望皇帝乾纲独断，不要假手权臣吗！这其实仍然是文人借着王昭君的故事，浇自己的胸中块垒。

这么多人都借着毛延寿发议论，那么，毛延寿画像这件事到底是不是真的呢？很可能不是。根据《汉书》记载，汉元帝并不是一个好色淫滥之人，恰恰相反，他是皇帝里面难得的一个情种。他当太子的时候喜欢过一位司马良娣，可惜，司马良娣薄命，没等到他当皇帝就去世了，从此之后，汉元帝对后宫非常冷淡，就连他的皇后都是太后帮忙挑选的，他只是完成任务而已。这样的皇帝，又怎么会搜罗那么多美女，多到看也看不过来，还得让画师先行描画，再来召幸呢？这个说法过于传奇，不符合汉元帝的性格。更重要的是，毛延寿坑害王昭君这件事记载在《西京杂记》里，而《西京杂记》乃是东晋人葛洪编写的一本笔记小说，收录了好多道听途说、不经之谈，可信度并不太高。而且，葛洪生活的年代距离汉元帝时代已经过去了三百多年，此前《汉书》里没有出现过的情节，到这个时候忽然出现，不也非令人怀疑吗？所以说，毛延寿的故事虽然既精彩又发人深省，但恐怕并不是真的。

可是，如果不是画师陷害，王昭君为什么又会中选呢？比《西京杂记》稍晚一点的《后汉书》里，又记载了另一个版本的故事。据说，呼韩邪单于来求婚，汉元帝答应给他五个宫女。这五个宫女只有名额限制，并没有具体到哪个人。这时，王昭君主动来请缨了。她已经入宫好几年，都没有得到皇帝的宠幸，与其让红颜空老，不如离开这深宫，舍命一搏。如果这个记载是真的，那么，王昭君就不是一个被动的弱女子，而是一个主动的反抗者了。在她看来，就算塞北的风沙再冷，跟胡人的交流再难，也好过在宫里当一条永远无人理睬的咸鱼。王安石那首著名的《明妃曲》就是以这样的心情作为结尾。诗中说："家人万里传消息，好在毡城莫相忆。君不见咫尺长门闭阿娇，人生失意无南北。"什么意思呢？昭君出塞后，她的家人从万里之外捎来了消息，他们劝告她说："你就在塞外好好地生活吧，不要再把汉宫苦苦追忆。你没看见吗？长门宫近在咫尺，可陈阿娇却再也见不到皇帝，一个人如果失宠，在塞外还是在深宫，又能有什么差异！"这样的心情对不对呢？也许我们今天看来并没有什么问题，但是在古代，人们都有民族偏见，认为汉高于胡，特别是在宋辽对峙的情况下，更是要严守"胡汉之别"，王安石身为北宋大臣，居然说"人生失意无南北"，这岂不是无父无君，大逆不道吗！所以，好多人都骂他持论荒谬。

问题是，赞也罢，骂也罢，昭君主动请缨出塞的说法是不是真的呢？很可能并不是。因为古代中原和塞北的生活差异太大了，胡汉之间风俗习惯的差异也太大了，和亲之后不可测的东西又太多了。一个深宫之中的弱女子，就算是不受宠幸，心情悲凉，也很难鼓起勇气，去那样一个完全陌生的地方，接受那样一种完全不可测的命运吧。更何况，和亲毕竟是两个政权之间的大事，王昭君身为一介宫女，怎么可能有那么大的话语权呢！

可是，如果既不是毛延寿陷害，也不是主动请缨，王昭君到底是怎么中选的呢？我想，还是最早记录这件事的《汉书》最可信。《汉书》是怎么说的呢？它其实什么理由也没说，就记载汉元帝选中了王昭君，把她赐给了呼韩邪单于。换句话说，没有什么小人陷害，更没有什么主动请缨，王昭君就是那么一个卑微的小宫女，她的命运随随便便就被决定了，根本不需要什么理由。生而为人，却身不由己，这不才是最大的悲剧吗！

看到这里，可能有人会想：既然如此，昭君出塞就是一出悲剧了？也不一定，因为还有第三个问题：她在塞外的生活到底怎么样？我个人觉得，她的结局远远好于开头。王昭君和亲时，汉元帝改年号为"竟宁"，意思是终于安宁，这个年号充满着对和平的美好希望。与之相应，呼韩邪单于也封王昭君为"宁胡阏氏"，所谓"宁胡"，是宁静胡地的意思；而"阏氏"，则相当于中原地区的皇后。显然，呼韩邪单于并没有因为王昭君出身宫女而看轻她，相反，他很重视这次和亲，希望这位来自汉家的阏氏能给匈奴带来安宁。

王昭君和呼韩邪单于一起生活了三年，这三年之间，她生下一个儿子，取名叫伊屠智牙师，被封为右日逐王。呼韩邪单于去世后，她又按照草原民族的习俗，嫁给了呼韩邪单于跟大阏氏所生的长子复株累单于，两人共同生活十一年，生下两个女儿，长女叫须卜居次，次女叫当于居次，所谓"居次"，相当于中原地区的公主。复株累单于死后，王昭君也去世了，她就被埋在了草原深处，终生没有再回到中原。据说，塞外草白，只有王昭君墓上的草是青的，所以号称"青冢"。这青青草色让人知道，她跟土生土长的草原儿女不一样，她的心里，始终有一大块地方，永远属于中原，属于家乡。

但是，故事到这里并没有完。王昭君不是有两个女儿吗？到西汉末年，王莽主政的时候，王莽又让她的大女儿须卜居次回到长安，回到了王昭君当年生活过的土地上。王昭君没有实现的回乡愿望，在她的后代身上实现了。而草原呢，也因为王昭君的存在，长久地留下了中原文化的影子。举一个例子吧。呼韩邪单于之后，所有的单于名号中都有"若鞮"二字。"若鞮"是孝的意思，作为游牧民族，匈奴贵壮而贱老，本身并没有孝老的传统；而汉朝则以孝治天下，几乎所有的皇帝谥号里都有一个"孝"字，比如汉武帝，他的谥号就是"孝武帝"。呼韩邪单于之后，这个"孝"字传到匈奴，最终演化成单于名号中的"若鞮"，这不正是昭君出塞带来的文化影响吗！当年，革命老人董必武曾经写过一首《谒昭君墓》："昭君自有千秋在，胡汉和亲识见高。词客各抒胸臆懑，舞文弄墨总徒劳。"站在民族团结的立场上，董必武老人高度赞美了王昭君的精神。我想，无论昭君和亲之时是否真有胡汉友好的见识，她客观上确实促进了胡汉之间的友好交流，她也因此突破了一个小宫女的身份限制，彪炳史册，光照千秋。

不知大家想过没有，中国古代和亲使者那么多，王昭君既不是第一个，也不是最后一个，为什么她得到的关注最多呢？我觉得，有一个原因最为重要，那就是身为平民而承担重任。中国古代家国一体，对皇帝而言，家就是国，国就是家。既然和亲是两个政权之间联姻，那么，承担起这个国家责任的，应该就是皇帝一家。所以，一般和亲都由公主，至少是宗室女子来维系。她们远赴边塞虽然也令人同情，但终究还是皇家女子的应有之义。但是，王昭君不同。她本来只是平民小户的女儿，就算进入宫廷，也只是一个毫无位分的宫女。她本来不应该跑到那么远的地方，承担那么大的责任。但是，她承担了，老百姓自然对她就多一分同情，也多一分敬重。这同情与敬重跟美貌绝伦而流落边疆的幽怨，终身思乡而至死不归的哀愁结合在一起，就汇成了我们心中那个永恒的形象：一位美女怀抱琵琶走进历史的风烟中，她渐行渐远，最后只留下一座青冢，独立斜阳。这样的形象，既哀婉，又英雄。

　　一千多年前，诗圣杜甫写过一组《咏怀古迹》，分别吟咏五位他心目中的英雄。其中，第三首吟咏的，就是王昭君："群山万壑赴荆门，生长明妃尚有村。一去紫台连朔漠，独留青冢向黄昏。画图省识春风面，环珮空归夜月魂。千载琵琶作胡语，分明怨恨曲中论。"什么意思呢？江水穿过千山万壑，奔向荆门，这里就是昭君当年生活过的小山村。她离开汉宫踏入荒凉的大漠，只留下青冢空对着凄凉的黄昏。君王只能依靠画像来追忆昭君的美貌，而昭君能回来的，也只有身着汉家衣裳的灵魂。千百年来她的琵琶声一直在耳边回荡，那是昭君在诉说着无穷的怨恨。这首诗一句议论都没有，但是，我们永远记住了"群山万壑赴荆门"，那是属于英雄的雄浑与壮阔；也永远记住了"环珮空归月夜魂"，那是属于女子的美丽与哀愁；我们更记住了矗立在黄昏中的青冢，它早已成为中华民族聚多元而为一体的丰碑。

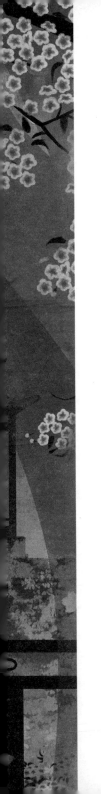

赵飞燕

借问汉宫谁得似，

可怜飞燕倚新妆

宫廷之中，既有以礼自守的贤良淑德，也有狐媚惑主的红颜祸水。前者如班婕妤，后者如本篇的主人公赵飞燕。这两类人物并立后宫，恰似忠臣和奸臣并立朝堂。这种想象固然太过非黑即白，今天的人看了，会嫌它层次不够丰富，但是我想，这种善恶忠奸的判然区别，本身就体现了中国人的态度。

说到红颜祸水，可能有人会想，这个定性也太老套了吧？之前的褒姒也罢，西施也罢，不都有人说是红颜祸水吗？跟她们相比，赵飞燕又有什么特殊性呢？的确，历史上好多美女都背着红颜祸水的骂名，但是，真要说到"祸水"这个词，还就得从赵飞燕谈起。因为这个词就出自汉朝人伶玄的《飞燕外传》。赵飞燕原本出身寒微，是汉成帝的姐姐阳阿公主家的一个舞姬。她本来的名字已经没人知道了，因为跳起舞来身轻如燕，所以就叫成了赵飞燕。汉成帝到阳阿公主家做客，看上了能歌善舞的赵飞燕，就把她纳入了后宫。当公主的姐姐蓄养一群美貌的歌儿舞女，给当皇帝的弟弟作为后宫蓄水池，这原本是汉朝的常态，当年，汉武帝的皇后卫子夫，宠妃李夫人走的都是这条路，赵飞燕也要沿着这条路走下去。比较不同寻常的是，赵飞燕得宠之后，又把自己的妹妹赵合德引荐给汉成帝，一时之间，赵合德的宠幸程度甚至超过了赵飞燕。据《汉书》记载，赵合德所住的昭阳殿台阶用的是汉白玉，地砖用的是铜包金，壁龛用的是蓝田玉，总之，豪华程度超过了历史上任何一个后宫。据《飞燕外传》说来，看到赵合德如此招摇，有一个白了头发的老女官就在她身后啐了一口唾沫，说："此祸水也，灭火必矣！"什么意思呢？这个女人是祸水，一定会把汉朝灭掉的！为什么把火灭掉就是把汉朝灭掉呢？因为中国古代有所谓金、木、水、火、土五德终始的说法，每个王朝都得一种德性，五种德性之间，有的相生，有的相克。具体说来，就是木生火，火生土，土生金，金生水，水生木，这叫相生；水克火，火克金，金克木，木克土，土克水，这叫相克。汉朝得火德，所以我们管汉朝又叫炎汉。正因为汉朝得火德，而水又克火，所以，这老女官才说"此祸水也，灭火必矣"！这就是"祸水"的来历。也就是说，之所以这么骂她，并不是因为女人是水做的骨肉，所以管招致祸害的女人叫祸水，而是因为有了汉朝得火德这么一个特定的历史背景，才管危害汉朝的女人叫祸水。当然，以后随着历史的变迁，"祸水"的含义越扩越大，只要是亡国的女人就叫祸水，再到后来，也不管是不是女人了，只要是导致祸乱的人或是势力，我们就都叫祸水了。

回到本篇的主人公赵飞燕身上来。虽然老女官骂的是赵合德，不是赵飞燕，但是，赵飞燕又确确实实是古代政治中最典型的红颜祸水。论起红颜，自然当之无愧；论起祸害，也是罪责难逃。

先说红颜。赵飞燕美在哪里？赵飞燕是个有特点的美女，她最大的特点就是瘦。有个成语叫"环肥燕瘦"，说的就是赵飞燕和杨贵妃截然不同的体态特征。她到底瘦到什么程度呢？有两个小故事可见一斑。

第一个故事叫留仙裙，记载在《飞燕外传》之中。据说，汉成帝宠幸赵飞燕姐妹之后，造了一艘能容纳千人的大船，号称"合宫之舟"，其实就是水上宫殿。赵飞燕不是班婕妤，她可没有却辇之德，就高高兴兴地跟汉成帝坐船到太液池上游玩。船既然大，自然可以在上面载歌载舞。于是，赵飞燕跳舞，汉成帝又命一个叫冯无方的侍郎吹笙伴奏。没想到船到中流，忽然刮起一阵大风。赵飞燕是个机灵的姑娘，索性趁着这阵风，扬起衣袖唱道："仙乎仙乎，去故而就新，宁忘怀乎？"什么意思呢？我要乘风归去，当神仙去了，陛下可别忘了我呀！这分明是在演戏，可汉成帝入戏太深，竟然当了真，赶紧让冯无方抓住她。冯无方死死地攥住赵飞燕的裙角，等到这阵大风过去再一看，好好的裙子都被他攥出了一大把褶子。这可倒好，从此之后，其他宫娥也都学赵飞燕的样子，故意把裙角弄出褶子来，一时之间，这种边缘带着褶皱的裙子居然成了汉朝宫廷的时装，号称"留仙裙"。想想看，一阵风就能吹走，不就是现在我们说的纸片人吗！这个故事一出来，很快就有人添油加醋了。冯无方不是抓住了赵飞燕的裙摆吗？远处的人看不清楚，还以为是抓住了她的脚，从此就传出去了一个说法，说赵飞燕能够在人的手掌中跳舞。唐朝诗人徐凝还为此写过一首《汉宫曲》："水色帘前流玉霜，赵家飞燕侍昭阳。掌中舞罢箫声绝，三十六宫秋夜长。"什么意思呢？晶莹如水的珠帘之前，月色如霜。赵飞燕就在那昭阳殿里侍奉着君王。一曲掌中舞跳完，箫声也随之静默，汉家的三十六宫都清冷下来，显得秋夜格外漫长。很明显，到了唐朝，掌中跳舞已经成了赵飞燕的标志，深入人心了。

第二个故事叫七宝避风台。大概是那次赵飞燕差点被风吹跑的经历把汉成帝吓坏了吧，后来，汉成帝命人专门修了一座七宝避风台，这高台有栏杆有顶子，从此再也不怕赵飞燕真的飞上天去。据说这件事记载在《汉成帝内传》里，到了唐朝，居然成了唐玄宗打趣杨贵妃的笑话。相传有一天，唐玄宗闲来无事看小说，正看得有趣呢，杨贵妃走了过来，问他在看什么。唐玄宗赶紧把书盖上说："不给你看，看了你又要恼了。"杨贵妃不依不饶，一定要看。那就让她看吧，抬起手来，杨贵妃一看，正是汉成帝怕赵飞燕被风吹跑，特地给她造七宝避风台那段故事。既然杨贵妃已经看到了，唐玄宗不由得起了促狭之心，就揶揄她说："尔则任吹多少。"你不怕，你胖，可以"任尔东西南北风"。想想看，这一胖一瘦两个美女，这一汉一唐两代君王，是不是特别让人浮想联翩？所以，历来诗人都愿意拿赵飞燕来跟杨贵妃做比，比如，唐代大诗人李白，就奉命写过一组《清平调》，其中第二首诗云："一枝红艳露凝香，云雨巫山枉断肠。借问汉宫谁得似？可怜飞燕倚新妆。"杨贵妃的绝世之美，到底谁能比得上呢？也只有汉宫里的赵飞燕打扮得整整齐齐的时候，才能有几分神似吧！大家千万别以为这是骂杨贵妃，其实，这正是对杨贵妃最高的礼赞。因为我们现在说四大美女，固然是西施、昭君、貂蝉和贵妃这四位，但是在唐朝以前，要说四大美女，却是王昭君、班婕妤、赵飞燕和绿珠四人，拿艳冠古今的赵飞燕来比杨贵妃，杨贵妃还有什么不高兴的呢？同样，我们今天都认可杨贵妃是绝代佳人了，那么，再把赵飞燕跟她并列，号称"环肥燕瘦"，也是对赵飞燕的赞美，这就叫春兰秋菊，各一时之秀。

可是，红颜毕竟不是赵飞燕的全部，她还有一个更重要的定义，叫祸水。祸在哪里呢？作为后来居上的宠妃，赵飞燕曾经利用巫蛊事件陷害过许皇后和班婕妤，这已经在后宫中搅起了不少风浪，但这还不是她最大的危害。赵氏姐妹更大的问题在于燕啄皇孙，让汉成帝绝了后嗣。

赵飞燕最美的地方不就在于身轻如燕吗？这是她的核心竞争力，必须得时刻保持。所以，赵飞燕姐妹也和时下好多女孩子一样，把减肥当成终身的事业。据说，这姐妹俩弄了一种药，叫"息肌丸"。把息肌丸贴在肚脐上，就可以收到减肥的功效。可能有人会想，这不也是《甄嬛传》里的情节吗？安陵容就是用息肌丸来保持体形的。没错，《甄嬛传》本来就是历史上后宫阴谋的集大成，既然沈眉庄能够学班婕妤依傍太后，安陵容为什么不能学赵飞燕调配息肌丸呢！但是，这息肌丸可不是什么健康的减肥药，它有一个致命的问题，就是它富含麝香，可能导致不孕。而无子，在后宫中可是一大麻烦。怎么办呢？

这对姐妹没有把重点放在改良体质上，而是像好多宫斗剧所描摹的那样，千方百计地残害别人的孩子。《汉书·外戚传》记载了两件大案，一件叫曹宫案，一件叫许美人案。

先说曹宫案。曹宫不是汉成帝的妃嫔，而是宫里的一个女官，相当于女职员。她通《诗经》，负责给赵飞燕上文化课。汉成帝偶然看上了曹老师，就临幸了她。十个月之后，曹宫居然生下一个男孩，这对没有子嗣的汉成帝来说，本来是一件大喜事。可是，这个消息传出去后，等待曹宫的不是嘉奖，而是宦官带来的一纸手谕。这道手谕让掖庭狱丞（后宫典狱长）把新生儿关到暴室里去。所谓暴室就是后宫监狱，这么小的孩子关监狱，那不是必死无疑吗？曹宫心一横，就对狱丞说："你也知道这是谁的孩子，你看着办吧。"面对如此难题，狱丞心里也颇为犹豫，就没有为难这个孩子。这样过了三天，传令的宦官又来了，责备狱丞说："皇上和赵昭仪（赵合德）都怒了，你怎么还不把他弄死？"狱丞一听赶紧跪下道："我若不杀这孩子，那是违抗皇命，自然是死罪；可我若杀了这孩子，那是杀害皇子，日后追究起来，必定还是死罪。我怎么就这么倒霉，伸头也是死，缩头还是死呢！不如你替我转一封信，问问陛下，这孩子虽说不是皇后和昭仪所生，但毕竟是陛下的骨肉，留与不留，一定要三思而后行呀！"过了一阵，传令的宦官又来了，对狱丞说："今天夜里，你把孩子抱到东掖门，自然有人来接，以后的事你就别管了。"孩子就这样被抱走了，那母亲又该怎么处理呢？又过了三天，传令宦官再次降临，这一次不仅带着汉成帝的手谕，还带着毒药。可怜的曹宫泪如雨下，她说："我那儿子，生下来就有一撮头发特别浓密，跟皇帝陛下一模一样，这是皇家的骨肉啊，就算我惹皇后生气了，也请皇帝只杀我一个，留下孩子吧！"随即服毒自尽。可是，母亲的死并没有换来小皇子的生，这个小皇子被带走后就下落不明，从此消失了。

再看许美人案。所谓美人，是汉朝后宫的一个等级，在妃嫔之中位列第五等。换言之，这许美人跟曹宫不一样，她本身就是皇帝合法的妾。汉成帝偶尔临幸她，她也生下了一个儿子。这个儿子，汉成帝其实是有心留下来的，所以就乘着跟赵合德一起吃饭的机会，小心翼翼地告诉了她。赵合德一听，饭也不吃了，捶胸顿足地质问汉成帝："你每次到我这儿来，都说是刚刚从姐姐那儿过来，怎么现在倒是许美人生出了孩子！你不是亲口说过，只有我们赵家姐妹才能当皇后吗？现在又要养活许美人的孩子，难道你是想让许美人日后母以子贵吗？"说罢就一头撞在墙上。汉成帝是个深宫之中长大的文雅男人，他年轻的时候，接触的都是班婕妤那一类温良恭俭让的淑女；即便是宠幸了赵飞燕姐妹之后，看到的也都是美人轻歌曼舞的那一面，他哪里见过如此泼辣，如此决绝的美女！汉成帝被吓住了，赶紧解释道："我今天特意把这件事告诉你，不就是不想瞒你吗！我决不会立许氏为皇后，天下没有哪个女人能在你们姐妹之上，你放心吧！"就这样，汉成帝又妥协了。他让宦官拿一封手谕去找许美人，还对宦官说："许美人看到手谕后会把一个东西交给你，你拿回来就是。"不一会儿，宦官拿回来一个苇编的筐子。汉成帝把下人都打发走，房间里只剩下他本人、赵合德和那个筐。又过了一会儿，房门打开了，汉成帝对门外守候的宦官说："筐里有一个死孩子，你找个隐蔽的地方埋了吧！"这就是许美人案。据说，除了这两件事，赵合德还曾经逼迫若干个怀孕的妃嫔堕胎。就这样，因为赵飞燕姐妹的嫉妒，当然，也因为汉成帝的配合，自从她们进宫，后宫里就再也没有听到过婴儿的哭声，汉成帝的血脉就此断绝，这当然对西汉后期的历史产生了重大影响。

慢慢地，长安城传出了一首童谣："燕燕尾涎涎，张公子，时相见。木门仓琅根。燕飞来，啄皇孙。皇孙死，燕啄矢。"什么意思呢？"燕燕"暗指赵飞燕，"尾涎涎"则是形容燕子尾巴毛光水滑。"张公子"指的是富平侯张放，此人是汉成帝的男宠，经常跟汉成帝一起穿街度巷，寻欢作乐。当年，就是他们俩一起，在阳阿公主家看中了赵飞燕。"木门仓琅根"是指木头门上安着铜铺首，这是宫廷的象征。明白了这些，我们也就知道这首童谣的意思了：燕子燕子，尾巴滑，张公子，见到她。把她带进皇宫门。燕飞来，啄皇孙。皇孙都被啄死，燕子只好吃屎。这不就是影射赵飞燕姐妹谋害皇家子弟，诅咒她们不得好死吗！再到后来，"燕啄皇孙"就成了一个成语，专指后妃谋害皇子。

看完这个歌谣，可能读者朋友会觉得奇怪，这两个故事中，杀死皇子的明明是妹妹赵合德，怎么歌谣却把它安到姐姐赵飞燕头上了呢？这里有两个缘故。首先，赵飞燕位置更高，知名度也更高，赵飞燕是皇后，赵合德是昭仪；其次，正是因为赵飞燕的引荐，赵合德才得以进宫，所以赵飞燕是始作俑者。把妹妹做的坏事算在她头上，也并不算冤枉。

但是，还有更重要的原因。其实，这两件案子能够浮出水面，这首歌能够在长安城传唱起来，都是政治斗争的结果。怎么回事呢？西汉绥和二年（前7），汉成帝突然死去。前天夜里，他睡在了赵合德的昭阳宫。早晨起床，只穿了一半的衣服就倒在了地

上，身体僵硬，口不能言，没过多久就一命呜呼。这些症状，我们今天一看就知道，是突发心脑血管疾病了。可古人并不这么想，他们觉得，皇帝算是死在了赵合德的床上，赵合德当然罪责难逃。在汉成帝的母亲王太后的干预下，丞相、御史和廷尉组成了一个调查组，专门调查汉成帝的死因。赵合德不堪压力，自杀了。

赵合德自杀，赵飞燕怎样呢？赵飞燕短时间内安然无恙。为什么她没有被追责呢？因为汉成帝无子，就在此前一年，赵飞燕劝汉成帝立了他的侄子定陶王刘欣为太子。此刻，刘欣接班当了皇帝，这就是汉哀帝。赵飞燕对汉哀帝有功，所以，汉哀帝也投桃报李，仍然尊她为皇太后。可是这样一来，他们就得罪了一个真正的实权派人物。谁呢？汉元帝的皇后，汉成帝的母亲，王太皇太后王政君。王政君本来就不喜欢出身低微的赵飞燕，现在，赵飞燕不仅让她的儿子绝了嗣，还通过谋立汉哀帝来继续耀武扬威，她岂能容忍！就是在这种情况下，曹宫和许美人的案子都被翻出来了，虽然因为赵飞燕是当朝太后，王太皇太后没敢直接指斥她，而是把罪责都推到了赵合德身上，但是，就算不点名批评，赵飞燕又怎么可能不受影响呢？这样含沙射影还不够，他们还编出了一个"燕飞来，啄皇孙"的童谣，让这童谣拽住赵飞燕的尾巴，让她在宫里也罢，在民间也罢，都成了万劫不复的罪人。没过几年，赵飞燕拥立的汉哀帝也死去了。汉哀帝死后，王政君的侄子王莽彻底掌握了汉朝的大权。到这个时候，赵飞燕再也没有了靠山，她被贬为庶人，打发到汉成帝的延陵去守陵，因不堪羞辱，随即自杀身亡。

怎么评价赵飞燕呢？东汉班固修《汉书》，在《成帝本纪》

中讲了这么一段话："臣之姑充后宫为婕妤，父子昆弟侍帷幄，数为臣言：成帝善修容仪，升车正立，不内顾，不疾言，不亲指，临朝渊嘿，尊严若神，可谓穆穆天子之容者矣！博览古今，容受直辞。公卿称职，奏议可述。遭世承平，上下和睦。然湛于酒色，赵氏乱内，外家擅朝，言之可为於邑。"什么意思呢？当年我的祖姑母（班婕妤）当婕妤的时候曾经告诉过我，成帝是一个很有道德的皇帝，而且博古通今，有容人之量。那个时候，国家也被他管理得很好。可是，他后来沉湎酒色，赵飞燕祸乱后宫，王氏（王政君）一族祸乱朝廷，说起来都让人呜咽流涕呀！这段评价非常有趣。表面上是在讲汉成帝先明后昏的履职表现，内里却把汉成帝的清明和班婕妤联系在一起，又把汉成帝的荒淫和赵飞燕联系在了一起，让人隐约感觉是班婕妤成就了汉成帝的明，而赵飞燕则造成了汉成帝的暗。我们今天当然可以批判"红颜祸水"的观点，反对把国家兴亡全然系于后宫妃嫔的裙带之上，但如果真的完全撇清关系，其实也就顺带抹杀了宫廷女性可能对政治产生的正面影响，而这种影响，哪怕是班固都不愿意轻易抹杀。事实上，进入后宫，也正是中国古代女性对政治产生直接影响的最主要方式。

欲戴王冠，必承其重。后妃的身份，归根结底还是政治身份，而不仅仅是家庭身份、性别身份。从这个角度讲，赵飞燕确实不是一个合格的皇后，她利用了自己的红颜，但她也辜负了自己的红颜。一直以来，我们总希望美能够成就善，可惜，赵飞燕的楚楚红颜，终究还是配不上汉朝的昭昭青史。

凌波微步，
罗袜生尘

　　两汉之后便是三国。三国之中，当属魏国最为人才济济，文采风流。曹操和曹丕、曹植父子横槊赋诗，开创了中国文学的建安风骨，这是中国文学史上了不起的大事。在这样的时代底色下，有一位女性，游走在曹家父子兄弟之间，衣袂一举，也成就了一段传奇。这位女性，就是魏文帝曹丕的皇后，传说中曹植曹子建的梦中情人甄夫人。

　　说到甄夫人，好多朋友可能根本不知道她是谁，但是，如果我说"翩若惊鸿，婉若游龙"，或者说"凌波微步，罗袜生尘"，大家一定会恍然大悟。这些年，很多女性朋友看过《甄嬛传》，知道里面的惊鸿舞；而男性朋友大多看过金庸先生的《天龙八部》，知道凌波微步这种逍遥派的独门轻功。其实，"翩若惊鸿，婉若游龙"也罢，"凌波微步，罗袜生尘"也罢，都出自曹植所写的《洛神赋》，而这位让曹植念念不忘的美丽洛神，古往今来很多人都认为，就是曹子建的嫂子，曹丕的皇后甄夫人。

这位甄夫人，是汉末三国时期著名的美女，当时号称"南乔北甄"。所谓乔，就是庐江桥公的两个女儿，大乔嫁给了孙策，小乔嫁给了周瑜。当年，苏东坡一句"遥想公瑾当年，小乔初嫁了"，真是让人浮想联翩。而甄，则是出身于中山郡无极县，也就是今天河北无极的甄夫人。这位甄夫人先是嫁给了袁绍的二公子袁熙，后来，曹操攻打袁绍，长子曹丕率先攻入袁府，只见一个少妇披头散发，脸上也黑一块白一块，躲在袁绍的夫人刘氏身后哀哀哭泣。曹丕问她是谁，刘夫人回答说："这是我二儿媳妇，袁熙的妻子。"曹丕早就听说过甄氏的大名，不由得大吃一惊，走过去，帮她把发髻绾起来，又用巾子给她擦擦脸，一个绝色美女有如蝉蜕一样出现在了他的面前。刘氏看着曹丕这一系列操作，叹了一口气说："现在我们不用担心被杀了！"就这样，甄氏华丽转身，由袁夫人变成了曹夫人。

可是，真正影响甄氏后世形象的，并不是她的丈夫曹丕，而是她的小叔曹植。据说，当时仰慕甄氏美色的不止曹丕一人，大才子曹植也非常渴慕甄氏，为她"昼思夜想，废寝与食"，只可惜被大哥捷足先登，等他再见到甄氏的时候，甄氏已经成了他的嫂子。而甄氏呢，其实也仰慕才高八斗的曹子建，但是，身为战利品，她能有什么选择权呢？所以，两人虽然是才子佳人，郎情妾意，但是，碍于君臣叔嫂的名分，也只能把感情暗暗地埋到心底。再到后来，甄夫人失宠，被曹丕赐死，结局非常凄凉。她死后，曹植从封地鄄城到洛阳朝见哥哥。曹丕拿出一个玉镂金带枕给曹植看，还说，这是甄夫人当年用过的。曹植睹物思人，涕泪纵横。事已至此，曹丕也不由得心生感慨，干脆就把这枕头送给了曹植。这就是李商隐《无题》诗中所说的"贾氏窥帘韩掾少，宓妃留枕魏王才"，想想看，这样郎才女貌，爱而不得的故事，多么香艳，又多么风流啊！

可是，故事到这里并没有完。等到曹植朝见完毕，返回鄄城，途经洛水，夜宿舟中，就枕在那个玉镂金带枕上。恍惚之间，好像看见甄夫人凌波御风而来，对他款款说道："我本来是喜欢你的，可惜未能如愿。这枕头是我从娘家带来的，以后就让它陪着你吧。"曹植一下子惊醒过来，原来是南柯一梦。曹植回想梦中情景，不由得文思泉涌，写下一篇《感甄赋》。赋里说，他经过洛水，遇到了美丽的洛水之神，洛神跟他两情相悦，但是人神两隔，曹植和洛神最后只能依依惜别，留下无尽的惆怅。

有谁会怀疑曹子建的文采呢？这篇赋一出来，马上洛阳纸贵，人人传颂。此事毕竟事关皇家体统，所以，等到甄后的儿子魏明帝曹叡继位后，就下令把这篇赋改名为《洛神赋》，想要撇清关系。可这一改，不就成了此地无银三百两了吗？从此，吃瓜群众心中，就形成了一个牢不可破的印象——《洛神赋》就是写甄夫人，甄夫人就是曹子建的梦中情人。有了这么一个印象，不仅甄夫人的合法丈夫曹丕靠边站了，连甄夫人自身的形象也模糊不清起来，成了"凌波微步，罗袜生尘"的洛神。在古代传说里，洛神是伏羲（宓羲）的女儿，于是，吃瓜群众干脆给甄夫人取了一个名字，就叫甄宓。

问题是，这个故事是不是真的呢？大概率不是。只要算一算

083

双方的年纪就知道了。当年，曹操打败袁绍的时候，甄氏二十二岁，曹植刚刚十二岁。一个十二岁的小孩子爱上艳若桃李的嫂子，也许还有点青春期的幻想因素在，但是，一个二十二岁的成年女子爱上十二岁的小弟弟，这样的可能性又有多大呢？退一步讲，就算是曹植和甄氏真的跨越年龄，两情相悦，甄氏死后，曹丕为什么要把甄氏的枕头送给曹植呢？这也太不符合儒家礼法了吧？就算是曹丕居心叵测，故意拿甄氏的枕头来刺激曹植，曹植又怎么敢接这一招，还公然写《感甄赋》回应呢？这不是在太岁头上动土吗！这样看来，这个故事太不符合常情常理，很可能不是真的。

既然如此，这个故事是从哪儿来的呢？这个故事最早见于唐朝学者李善给《昭明文选》做的注，就写在《洛神赋》的标题下面。问题是，李善并不是个信口开河的小说家，相反，他是一个学问很好的正人君子，人称"书簏"，也就是书筐。平白无故，他为什么编这么一个故事呢？

问题很可能出在这篇赋的题目上。这篇赋最早叫什么？现在人们都说叫《感甄赋》。但是，有学者指出，这《感甄赋》中的"甄"字，很可能是鄄城那个"鄄"字的讹写。当初，曹植不是分封在鄄城吗？就是现在山东菏泽的鄄城县。所谓感鄄，其实就是对他自己受封鄄城，无所事事的感慨。可是，既然感鄄，为什么要写好几百里之外的洛神呢？因为曹植当年刚刚到洛阳朝觐过自己的哥哥魏文帝曹丕，随即又渡过洛水，返回鄄城。哥哥对他的猜忌让他忧愤，回到封地又让他落寞，汩汩流淌的洛水提醒他生命易逝，满天的云霞又让他浮想联翩，就在这样复杂的心境之下，一位美丽而缥缈的洛神出现在了诗人笔端。洛神虽然美丽，却不能和君子结为连理，不就象征着曹植才华横溢，却被哥哥曹丕猜忌，抱负不得施展吗？这才是受封于鄄城，也受困于鄄城的曹植最深沉的感慨。也就是说，赋里头那个美丽的洛神不是别人，其实就是曹植自己，是才高八斗的大文人运用了屈原香草美人式的写法，把真实的自己掩藏了起来。可是，鄄城的鄄字和姓甄的甄字字形相似，所以在传抄过程中，就传成了《感甄赋》。这个错误一出来不要紧，人们立刻从美丽的洛神联想到了美丽的甄后，随即脑补出一段才子佳人的动人传奇。传到唐朝，连大学者李善都信以为真，干脆把它写进书里了。也就是说，这个故事虽然有情有趣，但却并不符合历史事实。

那么，如果我们抛开浪漫故事，再回过头来看历史上的甄夫人，她到底是个怎样的女子呢？她其实并不浪漫，相反，她是那个时代标准的好女儿、好妻子和好媳妇，可惜，却并没有得到好的结局。

先说好女儿。据《魏书》记载，甄夫人从小就喜欢看书，而且过目不忘，还经常拿着几个哥哥的纸笔写写画画。哥哥们就笑她说："你是女人，就应该学习女工。整天读书写字有什么用，难道你以后还想做女博士吗？"现在还有无聊的人拿女博士的头衔嘲笑有学问的女人，其实就是从这儿来的。那么，甄氏是怎么回答的呢？她说："自古以来，凡是贤德的女子都要学习前人，用前人的成败来警示自己。我如果不读书，又怎么能借鉴前人呢？"找这么正当的理由来读书，是不是今天我们常常挂在嘴边的"别人家的孩子"？甄夫人十几岁的时候，正赶上汉末大乱。老百姓为了活命，纷纷贱卖家产。甄家不是大户吗？就趁机收购了大量宝物。看到这种情形，甄氏便对母亲说："乱世求宝，绝非善策。古人讲'匹夫无罪，怀璧为罪'，这就是所谓的因财丧身啊。现在正闹饥荒，不如咱们开仓放粮，赈济乡邻，这样既是施惠于人，其实也是自保之道。"母亲听她说得有理，真就开仓放粮，不仅救活了不少乡邻，还借此提升了甄氏一族在当地的地位。想想看，一个十几岁的女孩子，能够这样深谋远虑，审时度势，这不是家里的福气吗！

再说好妻子。到底什么才是好妻子，古代和现代的标准并不相同。现在的好妻子一定要和丈夫彼此忠诚，相濡以沫，这也是当代婚姻的基本要求。可是在古代，所谓的好妻子却一定要宽宏大量，绝不能独霸丈夫。当年，曹丕在娶甄夫人之前，已经有一位任夫人了。任氏出身大族，本来跟曹丕门当户对。但是，在美丽的甄夫人面前，她自然是相形见绌了。任夫人不能容忍鹊巢鸠占，便仗着原配妻子的身份，跟曹丕使性子。可这样一来，曹丕就更不喜欢她了，干脆要把她废掉。按道理，废掉任夫人，甄夫人就能更上一层楼，她应该高兴才是。可是，甄夫人并没有附和曹丕，反倒说："任氏是乡党名族，无论品德还是美色都首屈一指，你为什么要遣走她？天下人都知道我受你的宠幸，现在你赶走任氏，无论出于什么理由，别人也肯定会说是因为我。这样一来，不仅公婆会骂我自私，其他的夫人们会怨我专宠，天下人也会觉得我跋扈。你就算替我考虑，也不要赶她走吧！"当然，曹丕最终并没有接受甄夫人的劝谏，还是赶走了任夫人。但是，无论如何，甄夫人在这件事上的表现仍然给她加分不少。有雅量，不嫉妒，这不就是帝王家标准的好妻子吗？

再说好媳妇。所谓好媳妇，自然是指伺候婆母周到。甄夫人的婆婆卞夫人在历史上非常出名，她有胆有识，经常跟着曹操一起南征北战，算是一位铁娘子。而甄夫人基本上都留守在曹魏的大本营邺城，承担着贤妻良母的传统角色。很明显，婆媳两人志趣不同，说话也未必投机。既然如此，甄夫人如何践行孝道呢？建安二十一年（216），曹操率领大军东征孙权，甄夫人的丈夫曹丕、儿子曹叡、女儿东乡公主都随军出征，只有甄夫人留守邺城。这次出征差不多走了一年，直到第二年的九月，大军才回到邺城。大军回师，彼此见面之后，卞夫人发现甄夫人更丰满漂亮了，不由得说了一句："你的一双儿女都在军中，你跟孩子分别那么久，难道不惦记他们吗？怎么倒是一副心广体胖的样子？"这一句寒暄颇有见不得媳妇好的意思。而且，你怎么回答都是错。说自己其实很惦记？那别人心里有事都会憔悴，你怎么还胖了呢？说自己不惦记？那你还有没有心肝？连孩子都不惦记，自然更不会把别人放在眼里了！那么，甄夫人是怎么回答的呢？她说："曹叡他们都跟着您，有您精心管教照顾，我还有什么可担心的呢！"看到没有？这就是说话的艺术，她没有纠缠自己惦记不惦记儿女，而是把话题转到卞夫人这里了，孩子跟着奶奶，我就一点都不担心，这不是变着法子恭维卞夫人是好祖母吗？一句话让卞夫人见识了媳妇的机敏权变，既然是棋逢对手，将遇良才，卞夫人自然也就不再为难甄夫人了。

这就是正史中的甄夫人，不仅有美貌，还有智慧，有贤德，上上下下都打点得明明白白，这是不是意味着终身受宠，福寿无疆呢？却又不是。所谓强中自有强中手，甄夫人遇到了一个重量级对手，名叫郭女王。看到这里，可能读者朋友都糊涂了，郭女王难道是一位姓郭的女王吗？这"女王"二字可不是封号，它就是郭夫人的名字。据说，郭夫人从小秀丽聪慧，她爸爸说："我这个女儿，堪称女中之王。"于是，就给她取了这么一个霸气的名字，叫郭女王。郭女王长大之后，果然人如其名。她被选入曹丕的东宫之后，正好赶上曹丕和曹植的夺嫡之战。在那场大战之中，郭女王因为擅长谋划，为曹丕出力不少。有了这样的大功，温柔贤惠这样的小才微善就算不得什么了。曹丕心中的天平越来越倾斜到郭女王这边，甄夫人也像当年的任夫人一样，靠边站了。到这个时候，甄夫人才意识到，所谓宽宏大量、毫不嫉妒只是在内心特别踏实的情况下才能做出的一种姿态，此时此刻，面对着来自郭女王的强大挑战，她再也没法心静如水。甄夫人是读过书的女子，据说她写了一首诗，叫《塘上行》。"众口铄黄金，使君生别离。念君去我时，独愁常苦悲。"别人用言语来中伤我，让你生生地离开了我。一想到你已经离开我了，我就悲苦忧伤，不能自已。她还说："莫以豪贤故，弃捐素所爱。莫以鱼肉贱，弃捐葱与薤。"请你不要有了身份和地位，就抛弃从前所爱。请你不要因为鱼肉多了，就抛弃大葱和薤菜。她恳求丈夫不要听信谗言，希望他不要喜新厌旧。这样的诗就算谈不上文采斐然，至少可以称得上哀婉动人吧？可是，就像亦舒在《爱情之死亡》里说的那样："当一个男人不再爱他的女人，她哭闹是错，静默也是错，活着呼吸是错，死了也是错。"甄夫人这首《塘上行》并没有打动曹丕的心，相反，倒成了她心怀怨念的罪证。黄初二年（221）六月，曹丕以口出怨言为罪名，将甄夫人赐死，甄夫人时年三十九岁。据说，她死的时候，郭女王命人将她以米糠塞口，以头发覆面。一个最伶俐的女子再也说不出话，一个最美丽的女子再也露不出脸，这不是人生最大的伤痛吗！

可是，历史的脚步并没有停。就像二乔永远活在了"东风不与周郎便，铜雀春深锁二乔"那美丽的诗句中一样，甄夫人也永远活在了《洛神赋》那华丽的文字里。时至今日，人们一看到《洛神赋》，总会本能地联想起甄夫人。为什么人们愿意相信这个并不真实的故事呢？很简单，因为"恻隐之心，人皆有之"。美丽而不得善终的甄夫人赢得了人们的同情，就像才高八斗却又不得施展的曹子建也赢得了人们的同情一样。人们愿意借助才子的文章一遍遍地回味着美人的风姿。那是什么样的风姿呢？她不像《诗经·卫风·硕人》中的那样"手如柔荑，肤如凝脂。领如蝤蛴，齿如瓠犀"，那是纯粹的静态美。《洛神赋》活脱脱地写出了美人的灵动，就拿我们最熟悉的那两句来说吧。什么叫"翩若惊鸿，婉若游龙"？这是说她身形翩跹，仿佛惊飞的鸿雁；她体态婉转，好像游动的蛟龙。这是多么高贵而又灵活的身段呀！难怪小说家要把最美的舞蹈命名为"惊鸿舞"。什么叫"凌波微步，罗袜生尘"？是说她踏着洛水姗姗而来，脚步轻盈得好像在水上漂动，那水上微微卷起的水波，仿佛是她的罗袜卷起的尘埃。这是多么轻盈的身姿呀，难怪小说家要把最高明的轻功命名为"凌波微步"。这惊鸿一瞥、凌波而去的洛神，最终成为人们心头的美丽经典，让甄夫人洗掉了现实的屈辱，获得了文学上的永恒。

冯小怜

小怜玉体横陈夜，
已报周师入晋阳

北朝以征战立国。即便身为女性，也有许多人跟战场结下了不解之缘。不过，跟战争结缘的女性可不光有替父从军的巾帼英雄，也有祸国殃民的红颜祸水。本篇所讲的"祸水"，是北齐后主的宠妃冯小怜。

要想讲清楚冯小怜的故事，还得先说一下她的丈夫，北齐后主高纬。高纬这个人，在今天知名度并不高，但是，他手下有两员大将，在历史上却是无人不知，无人不晓。这两员大将，一个叫高长恭，就是著名的兰陵王。此人号称古代四大美男子之一，据说，他因为美如少女，怕敌人看了有失威严，只好戴着面具作战。另一员大将叫斛律光，就是《敕勒歌》的演唱者斛律金的儿子，少年时期曾经盘马弯弓射大雕，号称"落雕都督"。兰陵王是北齐的宗室之英，斛律光是北齐的将帅之雄，这两个人结局如何呢？全都被高纬干掉了，这才是货真价实的自毁长城。很明显，高纬其人既蠢又狠，是个昏君。

昏君基本上都会纵情声色。高纬曾经一下子把五百多宫女都封为郡君，手笔之大，在古代君王中也是赫赫有名。这样多情的人难免朝秦暮楚，用情不专，高纬光是皇后就换了三个。第一任是斛律皇后，就是大将斛律光的女儿，斛律光被高纬杀死之后，她就被废了。第二任是胡皇后，是高纬的母亲胡太后的侄女，后来受人陷害，也被废掉了。第三任是穆皇后，她本来是斛律皇后的侍女，小名叫黄花。因为巴结高纬的乳母陆令萱，就是电视剧《陆贞传奇》中陆贞的原型，一路过五关，斩六将，居然就坐到了皇后之位。刚开始，高纬也是把她宠上了天，曾经拿出锦缎三万匹，专门派人到北齐的敌对国北周为她购买珍珠。但是，高纬是个没常性的人，没过多久，穆黄花就真成了明日黄花，又被撂到了一边。怎么办呢？穆皇后本身是侍女上位，她使出了一招古代宫廷的惯用伎俩，又把自己的侍女冯小怜打扮了一番，推荐给了高纬。那一天正是五月初五端午节，古代又叫续命节，有戴续命缕的风俗，所以她还给冯小怜改了一个名字，就叫续命。想来，在穆皇后心中，冯小怜的人生价值就是帮她一起拴住皇帝，延续她的皇后生命吧。不过，穆皇后万万没有想到，她这一出手，非但没能给自己续命，反倒让整个北齐都没命了。

冯小怜是个有本事的人，一到高纬身边，就让高纬洗心革面，从滥情变为专情了。她是怎么做到的呢？野史里会讲冯小怜擅长按摩术，或者冯小怜身体有特异功能，冬暖夏凉之类的香艳故事，这自然不能当真。真实的原因是，她跟高纬有共同爱好。高纬酷爱弹琵琶，经常用琵琶弹唱《无愁曲》，所以人称"无愁天子"。而冯小怜偏偏也是一个琵琶高手，还能歌善舞。有了这样的共同爱好，高纬对她的宠幸中就多了几分知己之情。就这样，高纬很快封冯小怜为淑妃，两人"坐则同席，出则并马"，发誓要同生共死。这样的故事，有点类似于后世的唐玄宗和杨贵妃，并没有什么特别之处，但是，关键问题并不在于两个人发誓同生共死，而是两个人真的联起手来，一起把北齐政权搞死了。

他们俩是怎么做到的呢？有三个步骤。第一步，叫"再猎一围"。

南北朝时期，北方有两个对立的政权，一个是东边的北齐，另一个是西边的北周。双方一直龙争虎斗，都想吃掉对方。开始的时候，北齐兵强马壮，很占优势。但是，到高纬的时代，北周的实力已经超过北齐了。特别是高纬杀掉兰陵王高长恭和斛律光之后，北周更是举国欢庆，马上把灭亡北齐提上了议事日程。武平七年（576），周武帝率领近十五万大军东出潼关，直扑北齐的军事重镇平阳，也就是今天的山西临汾。周武帝攻打平阳的时候，齐后主高纬在哪里呢？他正带着冯小怜在天池，也就是山西宁武县的管涔山打猎呢。管涔山在平阳北面，按照古代八百里加急的速度，平阳的告急文书很快就过来了。而且是"自旦至午，驿马三至"。可是，不管来了几次，齐后主根本没看到。为什么呢？一个名叫高阿那肱的宠臣直接挡驾了。他说："此刻陛下正在和冯淑妃围猎呢，千万别打扰他们的雅兴！"就这样，到了傍晚，终于传来了平阳陷落的消息。这下，高阿那肱再也瞒不住了，只好赶紧报告高纬。要知道，北齐的军事重心在晋阳，也就是今天的山西太原。而平阳正是晋阳的南大门。此刻平阳陷落，高纬就

算再荒唐，也知道应该亲率大军，立刻驰援。那冯小怜怎么办呢？按照道理，冯小怜是身手矫健的北朝女子，她既然能够陪皇帝打猎，应该也可以陪皇帝出征。此时高纬有急，作为皇帝的宠妃，她会不会像木兰那样，披挂上阵，为君分忧呢？她才不会。冯小怜说："既然平阳已经陷落，就算再着急也没用了。此刻我兴致正浓，还请陛下再陪我杀上一围。"这是多荒谬的想法，多无理的要求啊！可是，高纬听了之后，居然二话没说，当真又陪着冯小怜打猎去了。如此荒唐的事情，激发出唐代大诗人李商隐的创作热情，他写了一首著名的咏史诗，就叫《北齐》："巧笑知堪敌万几，倾城最在著戎衣。晋阳已陷休回顾，更请君王猎一围。"这首诗里有一个小错误，李商隐一不留神，把平阳记成了晋阳。但是，这个小小的错误，并不影响我们对整首诗的理解。冯小怜的巧笑比任何国家大事都重要，而她穿上戎装打猎的时候尤其娇媚。平阳既然已经陷落，那就别再想它了吧，还不如打起精神，再围猎一回。冯小怜身着戎衣却又阻挠军事行动，明知军情紧急还要再猎一围，把如此不和谐的事情放在一起，这是多么深沉的讽刺啊。

可是，这还只是高纬和冯小怜亡国三部曲的第一步，他们的第二个步骤，叫作"妆未化好"。

打完猎后，高纬终于调动了十来万鲜卑精锐，亲征平阳。皇帝亲征，这对北齐士兵是个巨大鼓舞，士气一下子高涨起来。而北周的主力当时已经回撤了，只留下一万士兵守卫平阳。很明显，兵力优势在北齐这边。很快，北齐的十万大军就把平阳城围了个铁桶一般。昼夜轮番攻城，把城墙上的堞楼都打秃了。攻城只是北齐军队的一个手段，他们仗着人多势众，一边攻城，一边挖地道。挖着挖着，平阳城的南墙轰的一下子倒了好几米。这不就出来一个大缺口吗？此时冲锋，将是一个极为有利的时机。可是，就在这关键时刻，高纬突然叫停了！为什么呢？他想让冯小怜亲眼见证一下大军入城的光荣时刻。可冯小怜此刻不在身边，还在大帐休息。怎么办呢？高纬下令停止攻城，赶紧派人去请冯小怜。延缓入城已然荒唐，谁知更荒唐的事情还在后面呢。冯小怜一听要让她去观战，不是火速出门，而是不紧不慢化起妆来。她说，身为妃子，如果蓬头垢面就去见皇帝，那岂不是不敬！这样反复拖延的结果又如何呢？等冯小怜终于把妆化好，走到城墙边，北周的守城士兵已经用木头把垮塌的城墙堵上了。这不是贻误战机吗！这还不算，既然短时间内攻不下来，冯小怜干脆把围城当成了旅游。她听人说城西有一块石头上有圣人遗迹，非要去参观。高纬怕城上射箭不安全，居然抽调用来攻城的木头给冯小怜做远桥，让她站在桥上眺望。这可是在战场上啊，君王纵使轻社稷，忍界江山奉美人！就这样，因为高纬昏招迭出，小小的平阳城围了一个月，硬是没有攻下。就在两军僵持的时候，周武帝亲自率领八万援军赶到了，准备和北齐决一死战。

到这个时候，也就迎来了高纬和冯小怜亡国三部曲的第三步，叫作"周师入晋阳"。

当时，北齐为了抵挡北周军队，挖了一条几米深的壕沟，强攻难度很大，所以，北周的军队一时之间也过不来，这对北齐来说本来是好事。可是，这样僵持几天之后，北齐这边先沉不住气了。高纬身边的宦官说："周武帝是天子，陛下也是天子，咱们怎么能守着一条壕沟示弱呢！倒不如填平壕沟，直冲过去，打他一个措手不及！"齐后主觉得这是个好主意，命令士兵把壕沟给填平了，向北周军队发起猛攻。他和冯小怜并马而立，就在一边观战。

可是，就算观战，也是有章法的。战场上总是互有胜负，变化万端，这时候最考验旁观者的心理素质。当时，北齐军队实力并不弱，只是东翼稍稍退却了一点，局部进退本来是兵家常事，并不意味着什么。可是冯小怜不懂啊！她一看到自家军队退了，吓得花容失色，大叫"军队败了！"拨转马头就跑。高纬呢？也糊里糊涂跟着她跑。他们这么一跑，军心可就乱了，结果，这一仗北齐大败，战死的、踩踏死的兵将超过一万多人。不仅平阳没夺回来，很快连军事中心晋阳也丢了。此前我们不是提到了李商隐的咏史诗《北齐》吗？其实，这个题目，李商隐共写了两首，还有一首用在这儿最妙："一笑相倾国便亡，何劳荆棘始堪伤。小怜玉体横陈夜，已报周师入晋阳。"什么意思呢？倾国倾城的美女嫣然一笑，国家就已经走在灭亡的路上。不必非得等到都城长满荆棘才感到哀伤。冯小怜玉体横陈，取媚君主的夜晚，已经预报了日后的北周军队攻入晋阳。这就是"玉体横陈"的出处。很多野史都说，高纬这个人最奇葩，他觉得冯小怜如此貌美，只有他一个人来欣赏，未免暴殄天物，于是就让冯小怜裸体横陈在朝堂的案几上，让大臣们排着队来参观。这真是望文生义，一派胡言。其实，"玉体横陈"这个说法并没有任何史实依据，它就是来自李商隐的这首诗。李商隐是个真正的大诗人，他真敢用词，也真会用词。玉体横陈多么香艳啊，甚至香艳到了荒淫的程度，可是，正是因为突出了玉体横陈的荒淫，才格外彰显出周师入晋阳的惨痛，如此强烈的对照，才是大诗人的手笔，也才能让这个词语流传了一千多年。

晋阳失守后，北齐亡国也就是时间问题了。高纬和冯小怜先是逃到了首都邺城，随后又逃往青州，准备投降江南的陈朝。可是，北周的军队早已志在必得，怎么可能让他们逃走呢？就在青州，高纬和冯小怜束手就擒，被押往长安。至此，高纬和冯小怜走完了亡国三部曲，自身也成了人家的俘虏。

这样的局面到底是怎样造成的呢？虽说高纬作为昏君罪责难逃，但冯小怜的作用也真不算小。冯小怜和高纬两个人的配合度太高了，几乎可以说是"珠联璧合"的同案犯。在决定周齐历史命运的关键时刻，冯小怜打一场猎，化一个妆，再喊上一嗓子兵败，北齐就真的呼啦啦如大厦倾。她和荒唐的高纬半斤八两，恰是一对乱世奇葩。

然而，这一对政治上的乱世奇葩，却又是情感上的薄命儿女。高纬被押到长安后，跟北周武帝宇文邕见了面。面对多年的老对头，周武帝也想表现得大度一些，就问高纬还有什么要求。高纬呢，既不是铁骨铮铮地求速死，也不是可怜巴巴地求饶命，他只是说："请把我的淑妃还给我。"国破家亡，山谷陵替，他唯一的要求，就是和冯小怜在一起。这种要求在雄才大略的周武帝看来太没出息了，周武帝轻蔑地说："我看天下也不过像脱下的鞋子一般，一个老太婆我怎么可能舍不得给你！"这真是"甲之蜜糖，乙之砒霜"，原来，在高纬眼中玉体横陈、倾国倾城的冯小怜，在周武帝那边不过是一个老太婆而已。可是，唯其如此，倒让我们真的看出了一点爱情的样子。毕竟，连"在天愿作比翼鸟，在地愿为连理枝"的唐明皇与杨贵妃，都没能经受住马嵬之变的考验；而一向荒唐的高纬，倒是在这一刻选择了守护冯小怜。这种选择看起来没有帝王气象，倒也算不负佳人。

可是，亡国之君的爱情在现实面前是不堪一击的。周武帝的好心并没有维持多久，他很快就杀死了高纬，又把冯小怜赏赐给了自己的弟弟，代王宇文达。赏赐的理由也很有意思，宇文达一向不近女色，周武帝想跟弟弟开个玩笑，拿玉体横陈的冯小怜来考验考验他。就这样，冯小怜又进入代王府，成了宇文达的小妾。那么，宇文达经受住考验没有呢？并没有。大概冯小怜确实太迷人了，很快，宇文达也和当年的高纬一样迷上了她，还为此跟自己的妃子李氏吵得不可开交。旧主才去，新主又来，冯小怜的命运早已不能掌握在自己手里，她是不是就能心无挂碍，弃旧图新呢？冯小怜不是烈性女子，她照样给宇文达弹奏琵琶，可是，弹着弹着，弦却断了。冯小怜抚着断弦，唱了一首歌："虽蒙今日宠，犹忆昔日怜。欲知心断绝，应看膝上弦。"什么意思呢？虽然蒙受着你的宠幸，但是，我却始终难以忘却昔日的爱怜。如果你想知道我肠断的样子，就看看我膝上断了的琵琶弦吧。看来，冯小怜虽然软弱，却也并没有忘记高纬的深情。

再到后来，周武帝去世，杨坚逐渐掌握了北周的权力。杨坚杀死了碍事的代王宇文达，又把冯小怜赏赐给一个名叫李询的将军。而这李询，正是宇文达的妃子李氏的哥哥。这一下，冯小怜终于落入了虎口。当年，冯小怜曾经害得李氏吃尽了苦头，现在，李询的母亲决定要替女儿报仇。她没有给李询爱上冯小怜的机会，直接逼迫冯小怜自杀了。就这样，红颜祸水又变成了红颜薄命，只留下一个玉体横陈的香艳符号，让人在千年之后感慨。

我一直在想，冯小怜悲剧的根源到底是什么呢？绝不是红颜，而是软弱。而且，不是肉体的软弱，而是精神的软弱。她在北齐当淑妃的时候，不肯负一点政治责任，只知道任性胡为；在北周当俘虏的时候，又不敢做一点反抗，只知道随波逐流。她没有木兰的刚强，也没有绿珠的烈性，所以，才会像一棵小白菜一样，被装在盘子里，一会儿端给这个人，一会儿端给那个人，直至被丢进垃圾桶。这样看来，再美的玉体也终究需要灵魂的支撑，才能挺胸抬头，活成一个大写的人。

第三章

隋唐传奇

冼夫人

三世更险易，
一心无磷缁

魏晋南北朝的收尾是在隋朝。隋朝继承了北周的基业，又统一了江南的陈朝，实现了中国历史上第二次大统一。这次统一的深度和广度都远远胜过秦朝，秦朝建立的大一统主要还是华夏民族的统一。但隋朝就不一样了，它把魏晋南北朝时期踏入中原的很多少数民族都整合进了新的统一政权中，是真正建立在大范围民族融合基础上的大统一。而为这次大统一做出卓越贡献的，除了一代雄主隋文帝，还有岭南圣母冼夫人。

在岭南地区，直到今天，冼夫人仍然是一个响当当的名字。如果你有机会越过五岭，到广东、广西和海南，乃至渡过南海，进入东南亚，就会发现一座又一座，总数多达两千五百座的冼太庙，逢年过节，总有络绎不绝的香火供养，甚至连学生高考、夫妻求子，

103

都要到冼太庙去祈祷上香。从这个角度讲，冼夫人和东南沿海的妈祖一样，都是保境安民的万能神。但是，冼夫人和妈祖又不一样。妈祖基本上从一开始就是神，虽然顶着一个林默娘的名字，但是，她的事迹主要出自虚构，是一尊想象出来的神。但冼夫人不一样，她的事迹详细记载在《隋书·谯国夫人传》和《北史·谯国夫人传》里。《隋书》和《北史》都是官修史书，位列大名鼎鼎的二十四史序列。也就是说，她本来是一位彪炳史册的历史名人。由人进化为神，男性里首推关云长；女性之中，就应该是冼夫人了。

冼夫人究竟有何等功业，能够既入史册，又入神籍呢？简单来讲，她是岭南俚人的大首领，但是，她又心向中原，先后接受梁朝、陈朝和隋朝三朝的封号，最后，带着包括海南岛在内的岭南百姓平平安安地融入了中原政权的怀抱，不仅做到了保境安民，还帮助隋朝实现了中国历史上第二次大统一。以边地女性之身，影响中国的历史进程和历史版图，这个功绩无论怎样评价都不为过，所以，周恩来总理才会说，冼夫人是中国巾帼英雄第一人。梳理冼夫人一生的处世为人，有三件大事可为代表。

第一件事叫许嫁冯宝。冼夫人是岭南高凉人，也就是现在广东阳江西人。南北朝时期，两广地区还是俚人的天下。所谓俚人，是古代百越民族的一支，也是当时岭南地区的主体民族，号称有十多万家。当时的南方正处在梁朝的统治之下，梁朝向南扩张，就把这些俚人都编入户籍，成了梁朝的百姓。既然是编户齐民，就得向梁朝交税。可是，俚人并没有交税的传统，于是纷纷起来反抗。冼夫人的父亲本来是俚人的首领，这个时候自然也就成了反抗的领袖，而且在打仗过程中战死了。谁来接班呢？俚人社会并没有中原地区"男主外，女主内"的传统，冼夫人从小就能打仗，会用兵，很受部众的信任，所以，父亲死后，冼夫人就成了俚人的女首领。既然当了首领，就要考虑大事了。俚人明明人口众多，为什么跟梁朝打仗却打不赢呢？冼夫人觉得，关键在于俚人内斗太严重了。各个部落之间互相抓人，抓住了就卖给外人当奴隶。内部不团结，打仗能不吃亏吗？痛定思痛，冼夫人一改往日作风，先在俚人内部讲团结，讲信义，谁也不能恃强凌弱。这样一来，周围的山洞都纷纷投靠她，冼夫人的势力一下子壮大了不少。这不是一朵有勇有谋的霸王花吗！这样的霸王花居然还小姑独处，自然就有人惦记了。谁惦记呢？是一个叫冯融的人。

冯融可不是冼夫人这样的岭南土著，他是地地道道的外来人口，而且，来自遥远的北方。冯融的祖上，本来是十六国时期北燕的皇帝。北燕的辖区大体在今天辽宁省西南部和河北省东北部，是个不折不扣的北方政权。后来，北魏统一北方，北燕亡国，北燕的末代皇帝携家带口，投靠了东北的高句丽。但是，北魏的压力非常大，高句丽也不愿容留，万般无奈之际，冯家的一个儿子冯业，只好驾着小船，驶向茫茫大海，一路往南逃命去了。他逃到哪里了呢？他投奔了北魏的对头，定都江南的刘宋王朝。刘宋王朝倒是收留了他，可是，当时江南的好地方早就被先来的人占满了，没处安置他。怎么办呢？一番商议之后，落难皇族冯业被打发到了新开发的岭南，担任刺史。这个刺史可不太好当。当时，岭南的汉人一共只有六万多户，俚人倒是有十万多家，俚人眼里只有首领，根本不听汉人长官的调度，这就叫强龙不压地头蛇。所以，尽管冯家在岭南繁衍了好几代，所属的王朝也从宋换成齐，又从齐换成梁，但是，冯家依然当着空头司令，号令不行。怎么办呢？眼看冼夫人在俚人中的威望冉冉上升，时任罗州刺史的冯融做了一个大胆的决定，给自己的儿子高凉太守冯宝求婚！

俚人社会没有父母之命，媒妁之言，冯宝那边出面提亲的是老爸冯融，冼夫人这边呢，却要自己拿主意。面对这个既是长官又是对手的人，冼夫人到底嫁不嫁呢？经过一番思索，冼夫人决定：嫁！冼夫人是个有智慧的人，她知道俚人的弱点。俚人社会只认一个权威，那就是拳头。谁拳头硬谁就当老大，直到有一天，被一个拳头更硬的人打倒为止。这样以暴易暴，社会注定不可能长期稳定。但汉人社会不一样。他们不是不讲拳头，但是，除了拳头之外，他们还讲礼乐，讲法度，这些东西，远比拳头更加温和而稳定。冼夫人是个眼光长远的人，她由衷地倾慕这些东西。此刻冯宝确实只是个光杆太守，但是，只要她和冯宝结婚，冯宝就会有权力，而俚人也会有发展。双赢的婚姻，为什么不愿意呢？就这样，冼夫人跟未来的公公冯融达成协议，许嫁冯宝。

那么，这场婚姻到底带来了什么结果呢？最直接的结果就是，一个统治岭南地区长达百年之久的豪门——冯冼家族就此诞生。这个家族极其强悍，历经梁、陈、隋、唐四朝风云变幻，他们在岭南的势力始终坚不可摧。直到武则天害怕他们尾大不掉，才终于痛下杀手，给他们安上一个谋反的罪名，全家剿灭。不过，这次剿灭并不彻底，进剿的官军带回来一个八岁的小男孩，让他进宫当了宦官。这个小男孩名叫冯元一，这个名字很少有人知道，不过，如果我说出他后来使用的名字，大家肯定就会恍然大悟。他后来的名字叫高力士，是唐玄宗时代最忠诚，同时也最有权势的宦官。没想到吧？大名鼎鼎的高力士，正是冼夫人的第六代孙子。

当然，这场婚姻最重要的结果还不是冯冼家族的诞生，而是海南岛重回中原政权的怀抱。当年，汉武帝曾经在海南岛设置朱崖郡和儋耳郡，直接统治海南。但是此后烽烟迭起，中原板荡，海南岛又逐渐脱离了中央的管辖。中央管不到的地方，冼夫人管得到。中大通六年（534），冼夫人率领俚人军队渡过琼州海峡，海南岛的俚人部族纷纷归附。面对着这片广袤的土地，这些和自己同文同种、同风同俗的俚人百姓，冼夫人是怎么做的呢？冼夫人是一个和汉人联了姻的人，她的心向着中原政权。她没有像汉朝初年的南越王赵佗那样拥土自雄，拥兵自重，而是上书朝廷，请求朝廷在这里重设崖州。就是因为有了冼夫人的献地上书，海南岛才得以重新回到中原王朝的怀抱，从此再也没有分开。这是何等重要的历史贡献啊！

我们现在讨论婚姻，经常会谈到，女性到底是高攀好还是低就好？或者，到底是干得好重要还是嫁得好重要？这些话题貌似令人困扰，但在冼夫人面前都不是问题，她既不高攀，也不低就，她寻求的是知己知彼，优势互补。而且，正因为优势互补，她的婚姻和事业并不矛盾，嫁得好的同时也干得好，而且是两个人都干得好，连国家都因此受益，这可不光是婚姻智慧，还是政治智慧。

第二件事叫助夫杀贼。冼夫人嫁给冯宝后，很快赶上了梁朝末年的一场大变乱，叫作"侯景之乱"。侯景本来是东魏的一个将军，因为跟东魏的皇帝闹矛盾，就带领部众投降了梁朝。梁朝本来以为捡了个宝贝，没想到侯景反叛成性，投降之后不久，又

蒙曼
女性诗词课　哲妇

背叛新主，再次叛乱，包围了梁朝的首都建康（今江苏南京），把梁武帝活活饿死在台城。在这种情况下，梁武帝的堂侄，广州都督萧勃起兵勤王。既然是勤王，自然要招兵买马。萧勃下派任务给高州刺史李仕迁，李仕迁呢，又征召自己的属下——高凉太守冯宝。冯宝是个老实人，既然长官有令，当即就要前往。可是，自打结婚之后一直积极主动配合官府的洗夫人却把他拦住了，说："李仕迁这不是要勤王，他是要造反！你这一去，他肯定把你扣下当人质，再以你的名义召集咱们的人马，到那个时候，咱们可就被动了。所以，你无论如何不能去！"冯宝问："你怎么知道李仕迁要谋反呢？"洗夫人说："你是个单纯的读书人，我却是打仗打出来的，这种事我比你有经验。李仕迁如果真有勤王之心，他就应该赶快带兵出发，一边开拔一边叫你跟进，这才是勤王的样子。现在他称病不动，却招呼你去他那里集合，这不就是想胁迫你一起造反吗？我此刻拦你，不是不忠于朝廷，而是不想被人利用。"洗夫人的判断对不对呢？事实证明非常正确。没过几天，李仕迁果然造反了，还派他手下的得力骁将去对抗官军，自己只留下少量兵马，据守高州城。这时候，洗夫人对冯宝说："咱们现在可以去找李仕迁了。只不过，不是你去，而是我去。我找什么理由去呢？你先给他写一封信，卑辞厚礼，就说咱们这边也形势不稳，你不敢动，先派我去给刺史大人送些物资给养。李仕迁看我是女流之辈，肯定会掉以轻心。那时候我就有办法了。"冯宝依计而行。就这样，洗夫人带着一千精兵，都扮成挑夫的模样，挑着担子，来到高州城下。李仕迁正缺钱呢，一看洗夫人押运物资赶来，喜不自胜，赶紧开门，不料洗夫人忽然变脸，带人杀将过去，李仕迁措手不及，只好弃城逃跑。就这样，高州城又回到了朝廷的怀抱，这真是兵不厌诈，有勇有谋。

冼夫人替梁朝保住了一座城，就在这座城外，她还看准了一个人。谁呢？跟她会师的梁军指挥官陈霸先。就这么一面之缘，冼夫人回家对冯宝说："陈都督大可畏，极得众心。我观此人必能平贼，君宜厚资之。"从此之后，冯宝和冼夫人就成了陈霸先的投资人。那么，他们的这份投资对不对呢？熟悉历史的朋友都知道，这个陈霸先，就是后来陈朝的开国皇帝，也是中国历史上唯一一个从岭南崛起的寒门皇帝。这才叫疾风知劲草，慧眼识英雄。冼夫人凭借自己的一双慧眼，预先给冯冼家族在陈朝的发展铺平了道路。只可惜陈霸先英雄一世，却没有教育好自己的儿孙。他的侄孙名叫陈叔宝，史称陈后主，整天不务正业，只知道陪宠妃唱《玉树后庭花》。唱着唱着，北方的隋朝就过了江，陈朝也亡了国。杜牧所谓"商女不知亡国恨，隔江犹唱后庭花"，用的就是他的典故。自己一直追随的陈朝灭亡了，冼夫人怎么办呢？

这就是我要说的第三件事，大义降隋。岭南地区本来就有很大的独立性，陈朝一乱，岭南又跟中原脱钩了。群龙不能无首，这个时候，冯宝早已去世，甚至连冯宝的儿子都已经去世了，近八十岁的冼夫人被推举为岭南圣母，封闭道路，保境安民。可是，隋朝的目标是要统一天下，关门只能是权宜之计，担负着岭南上百万人的身家性命，冼夫人到底何去何从呢？冼夫人不仅有婚姻智慧，有军事智慧，她更有政治智慧。身处波澜壮阔的变革时代，她知道，统一已经是大势所趋，岭南不可能真正独立。正因为如此，她才会在年轻的时候跟梁朝的官员联姻，在中年的时候又追随陈朝的皇帝。她愿意拥护中原王朝，来谋求岭南的生存和发展。此刻的隋朝，就犹如当年的梁和陈，她不想打仗。但是，在另一方面，她已经不是当年那个单纯的俚人首领，她在陈朝受封中郎将、石龙太夫人，算是陈朝的官员。官员就应该有官员的政治节操，就算归顺，也要有个样子。如果她见风使舵，不忠不义，以后又何以号令部族呢？那么，怎样的归顺才算是合情合理呢？有智慧的人总能碰到有智慧的人。此时，隋朝的前敌总指挥不是别人，正是晋王杨广，也就是后来的隋炀帝。别看隋炀帝后来治国有很多荒唐之处，但是，在统一这个问题上，他有他的智慧和心胸。面对着高耸的五岭，杨广留下大军，只派一位将军带着陈后主的亲笔信出发了。信上说，陈朝已经灭亡，请洗夫人顺应天命，归化隋朝。随信还附上一根当年洗夫人进贡陈朝的犀角杖，作为信物。看见信和犀角杖，洗夫人把岭南几千部落首领都召集在一起，面朝北边，大哭整整一天，然后派出自己的孙子，迎接隋朝大军进入岭南。这是什么意思呢？这就叫仁至义尽。在浩浩汤汤的历史潮流面前，顺势而为当然是正确的选择。但是，尽管如此，人却不能只认形势，不讲良心。面对自己曾经为之效力的旧朝廷，洗夫人先是痛哭不舍，然后才能释怀而去。痛哭是情义，释怀是智慧。把道德和智慧结合在一起，这才是岭南圣母的心肠，也是一个真正政治家的修为。就这样，岭南地区兵不血刃，归入了隋朝的版图。后来，洗夫人受封为谯国夫人，开幕府，设官署，给印章，听凭发落俚人部落以及岭南六州兵马，若有紧急，可便宜行事。这是整个中国历史上，妇女开府建节的第一人。

据《隋书·谯国夫人传》记载，洗夫人晚年的时候，把梁、陈、隋三朝的赏赐都放在一个仓库里，每年过年的时候拿出来，陈列在庭院之中，让子孙们都来参观。她说："汝等宜尽赤心向天子。我事三代主，唯用一好心。今赐物具存，此忠孝之报也，愿汝皆思念之。"什么意思呢？你们应该尽心竭力报效天子。我侍奉三朝皇帝，只用一颗好心。如今三朝给我的赏赐都在这里，这就是对我忠孝的报答。你们都好好看看，也好好想想吧。

我们今天经常讲家风家教。冼夫人家教的核心在哪里？毫无疑问，就是那十个字："我事三代主，唯用一好心。"这个好心到底是什么心？它不是狭隘的忠心，而是更为广阔的诚心。所谓诚就是尽心竭力。尽心竭力地对待岭南百姓，也尽心竭力地对待中原王朝。唯其诚意，所以正心，然后才能修身、齐家、治国、平天下。这个道理，冼夫人说得朴素，但是悟得深刻。

当年，苏东坡被贬海南儋州，拜谒冼太庙，写下一首《冼庙》诗，这也是目前留存最早的歌颂冼夫人的诗篇。诗云："冯冼古烈妇，翁媪国于兹。策勋梁武后，开府隋文时。三世更险易，一心无磷缁。"磷就是薄，缁就是黑，这是《论语》里孔子对他的学生子路说的一句话。"不曰坚乎，磨而不磷；不曰白乎，涅而不缁。"什么意思呢？孔子说，所谓坚固，就是经受打磨也不变薄；所谓洁白，就是经受晕染也不变黑。只有这样，才能叫作君子。想想看，能够符合这个要求的，不就是冼夫人的那一颗穿越千载的好心吗？

独孤皇后

整个魏晋南北朝乃至隋唐时期，都是政治女性大放异彩的时代。北朝有引导孝文帝改革的冯太后，南朝有岭南圣母冼夫人。到了唐朝，更是出现了中国历史上独一无二的女皇帝武则天。那么，在南北朝和唐朝之间呢？就像唐朝的权力是从隋朝继承过来的一样，武则天的精神力量也来自一位隋朝的女性前辈，这位女前辈在御夫、御子、御国等方面都颇有作为，堪称武则天前传。这位女性，就是隋文帝的皇后独孤伽罗。

独孤皇后御夫有道，最经典的表现是，她让身为皇帝的隋文帝杨坚坚守一夫一妻原则，创造了中国古代帝王后宫生活的奇迹。根据《隋书·后妃传》记载，独孤伽罗十四岁嫁给杨坚，新婚之夜就让杨坚发誓"无异生之子"，也就是说，杨坚所有的儿女必须都是独孤伽罗所生。历史证明，杨坚是一个信守诺言的人，此人共有五儿五女，全部是独孤伽罗的亲骨肉。这在奉行多妾制的中国古代上流社会，已经非常罕见，若发生在皇帝身上，就更是难能可贵了。

独孤皇后为什么能够做到这一点呢？首先是拜她父亲所赐。独孤伽罗的父亲是西魏八大柱国之一，关陇贵族集团的核心人物独孤信。独孤信号称史上最牛老丈人。他生了七个女儿，长女嫁给北周明帝，被封为明敬皇后；第四女嫁给唐高祖李渊的父亲李昞，被追封元贞皇后；第七女就是独孤伽罗，嫁给隋文帝，被封为文献皇后。一门出三朝皇后，在整个中国历史上只此一家。事实上，杨坚的父亲杨忠就是独孤信的老部下。独孤家族地位如此高贵，自然强化了独孤伽罗的自信和骄傲。也正是因为有这种强势的背景，独孤伽罗才敢提出"无异生之子"的要求，而杨坚也不敢有什么反对意见。

不过，家族背景只能保证独孤伽罗在婚姻初期的强势，能够让杨坚在当了皇帝之后仍然恪守一夫一妻之道，更多的还是靠独孤皇后的个人能量。什么能量呢？独孤皇后不仅有胆，而且有识，有勇。所谓有胆，是指她能够在关键时刻帮助杨坚做出政治决断。当年，杨坚和独孤伽罗的长女杨丽华嫁给了北周宣帝，宣帝为人荒唐，让六岁的儿子接班，自己年纪轻轻就当上了太上皇。这也罢了，没过多久，周宣帝又暴病而死。主少国疑，杨坚得以借助皇太后的父亲、小皇帝外祖父的身份入宫辅政。辅政大臣距离皇帝只有一步之遥，要不要突破这个界限，干脆改朝换代呢？杨坚其实相当犹豫。他想当皇帝，可是又害怕冒险。就在这个关键时刻，独孤伽罗派心腹入宫向丈夫进言："大事已然，骑兽之势，必不得下，勉之！"你已经骑在虎背上了，难道还想下来吗？一句话点破了杨坚的处境，也坚定了杨坚的信心。就是这种巾帼不让须眉的胆气，成就了隋朝的帝业。

再看有识。所谓有识，是指独孤皇后能够给隋文帝贡献政治智慧。独孤皇后一有闲暇便手不释卷，对政治颇有见识。每次隋文帝上朝，她都要并辇而行，一直把隋文帝送进大殿，她自己就躲在旁边的殿阁里旁听。如果觉得哪一个地方隋文帝处理得不对，她就派宦官跟隋文帝随时沟通。这样一来，开皇年间的政治决策，很难分得清哪些是隋文帝的主意，哪些是独孤皇后的主意。当时宫里管皇帝叫"圣人"，既然隋文帝和独孤皇后都履行着皇帝的职责，宫中干脆将两人合称"二圣"。后来，唐高宗时期，武则天与高宗合称二圣，不就是追随独孤皇后的脚步吗！就是在独孤皇后的积极协助下，隋文帝创造出"开皇之治"的治世局面，这也让隋文帝相当敬重。

再看有勇。所谓有勇，是指独孤皇后维权的手段特别刚猛。隋文帝一生，并不是没想过拈花惹草。开皇年间，隋文帝到离宫仁寿宫度假，偶然看中了一个宫女。这宫女虽然身份卑贱，但谈吐举止却颇有不凡之处，隋文帝一打听，才知道她居然是尉迟迥的孙女。尉迟迥又是何许人呢？那可是当年杨坚当皇帝的最大障碍。杨坚辅政之时，尉迟迥曾经纠集三路大军起兵反对杨坚，差点让杨坚的皇帝梦成为泡影。后来，尉迟迥兵败自杀，他的孙女才被没入后宫，成了宫女。抚今追昔，杨坚的内心充满了征服者的豪情，就临幸了这个宫女。这不是破坏了一夫一妻的誓言吗？独孤皇后知道后勃然大怒，趁隋文帝上朝之机，结果了尉迟宫女。

面对妻子的淫威，隋文帝也不敢硬碰硬，只好骑上一匹马，一口气跑出去二十多里，跑进了终南山。古代终南山是出家修行的地方，皇帝跑到那里，难道是要放弃天下吗？这个举动把大臣吓坏了，赶紧去追，好不容易在山里找到了垂头丧气的隋文帝。面对着苦苦劝谏的宰相，隋文帝长叹一声，说："吾贵为天子，不得自由！"终于掉转马头，回到了后宫，算是以实际行动向独孤皇后做了妥协。用如此残酷暴烈的手段维护自己的独尊地位，独孤皇后真是心狠手辣，这就叫有勇。

因为独孤皇后有胆、有识、有勇，隋文帝也一直敬她、爱她、怕她，和她同起同居，相看两不厌。据《隋书·音乐志》记载，隋文帝曾经写过两首琵琶曲，一个叫《地厚》，一个叫《天高》，就是讲夫妻之间的高天之义，厚地之恩，这是不是比唐玄宗和杨贵妃的故事还要硬核呢？

可事情还有后续。仁寿二年（602）八月二十四日，独孤皇后病逝于永安宫，享年五十九岁。随着她的去世，马上，两位原本默默无闻的后宫女子就活跃起来了。这两个人，一个是宣华夫人陈氏，一个是容华夫人蔡氏。其中，宣华夫人陈氏是陈朝亡国之君陈叔宝的妹妹，跟哥哥一样风流文雅；容华夫人蔡氏也是南方人，秀丽贤淑。这样两个温顺的南方美女和刚毅的独孤皇后形成鲜明对比，让隋文帝觉得非常新鲜，也非常迷恋。他整天和两位夫人泡在一起，不仅在国政处理上出现了很多失误，身体也越来越吃不消，终于一病不起。据《隋书·后妃传》记载，隋文帝病危之际，曾经对侍者说："如果皇后还在，我断断不至于落到今天这步田地呀！"这番忏悔虽然诚恳，但终究是马后炮。高压之后必有反弹，反弹至此，独孤皇后也就算不得完全的驭夫有道了。

再看御子。独孤皇后和隋文帝一共生育了五个儿子，隋文帝一上台，就立老大杨勇为太子。独孤皇后也恪尽母职，为杨勇选定了武将元孝矩的女儿做太子妃。这位元妃端庄有礼，深得独孤皇后喜欢。可是没想到，帝王之家也有和老百姓一样的苦恼，即母亲的审美眼光跟儿子并不一致。别人家大多数是母亲看不上儿媳妇，比如《孔雀东南飞》里的焦母和刘兰芝；他们家却刚好相反，母亲相中的白月光倒成了儿子眼里的剩饭粒。杨勇是个风流公子，他嫌元妃过于拘谨，就把妻子冷落在一边，转而喜欢上了一个姓云的小妾。因妾嫌妻，这可严重违反了独孤皇后的一夫一妻原则；把母亲选中的妻子晾在一旁，又是对母亲的大不敬。有了这样的心结，独孤皇后对儿子的印象坏到了极点。就在这种情况下，野心勃勃的二儿子晋王杨广乘虚而入了。杨广本来有率军南下，平定陈朝的大功，此时又和自己的王妃萧氏斯抬斯敬，对母亲更是恭敬有加。轻狂的长子和恭谨的次子两相对照，独孤皇后的情感天平迅速向杨广倾斜了。倾斜之后又如何呢？独孤皇后可不是一般的母亲，她是一个说一不二的政治家。开皇二十年（600），在独孤皇后的强烈主张下，隋文帝将太子废为庶人。一个月后，又是在独孤皇后的授意下，晋王杨广被立为太子。一番操作，废长立幼，堪称虎妈。

然而，这种教子的结局也并没有那么美满。独孤皇后所喜欢的杨广，虽然在立为太子之前表现上佳，但是当上皇帝之后却滥用民力，穷兵黩武，只用了十四年时间，就断送了大隋王朝的锦绣江山，自己也落得一个"炀帝"的恶谥，身败名裂。古往今来，很多人都认为，隋朝速亡，独孤皇后难辞其咎，不仅隋炀帝以国破家亡告终，独孤皇后其他的几个儿子也都未得善终。其中，老大杨勇在隋文帝死后迅速被弟弟杨广处死；老三杨俊因为秉性奢华，宠幸女色被隋文帝苛责，英年早逝；老四杨秀既贪财好色又野心勃勃，接连被隋文帝和隋炀帝两代皇帝软禁在身边，等到江都兵变，叛军杀死隋炀帝的时候，他也被一同了结；老五杨谅一直不服气二哥杨广，在隋文帝死后，他起兵造反，被抓回长安，囚禁至死。一般贵族人家，总是因为妻妾成群而导致孩子们各为其母，你争我夺。独孤皇后的五个儿子倒是一母同胞，最后却也是兄弟阋墙，你死我活。这当然算不得成功的教子案例。

再说御国。古代皇后都是政治人物。她们最基本的参政方式，就是管理后宫。这一点，独孤皇后也并不例外。独孤皇后母仪天下，有两件事最为人称道。第一件事是厉行节约。开皇初年，突厥和隋朝互市，出售一篓明珠，要价八百万。那明珠晶莹润泽，举世少有，有人就劝独孤皇后买下来，为后宫添彩。独孤皇后说："非我所须也。当今戎狄屡寇，将士罢劳，未若以八百万分赏有功者。"我不稀罕那些奢侈品，如今大隋跟突厥打仗，将士们都特别辛苦。如果朝廷拿得出这八百万，就去犒赏将士们吧！一席话赢得满朝归心。事实上，独孤皇后不仅没有高档首饰，甚至连基本的化妆品都没有。据史书记载，隋文帝有一次配药，需要胡粉一两。胡粉是最基本的化妆品，他觉得后宫肯定多的是，就跟独孤皇后讨要，没想到独孤皇后一直素面朝天，宫中竟然从来没采购过胡粉。如此朴素的皇后，当然能引导出一种简朴的宫廷风气，这对一个刚刚统一的国家而言弥足珍贵。第二件事是压制外戚。如何面对外戚，在古代一直是评判皇后是否无私的试金石。独孤皇后虽然大权在握，却自律甚严。整个文帝一朝，独孤皇后的娘家没有一个人身居高位。不仅如此，一旦外戚犯罪，她还要从重处罚。独孤皇后有一位表兄叫崔长仁，犯罪当死。本来，以皇后之亲，按照当时的律法和惯例，可以赦免。但是，独孤皇后说："国家之事，焉可顾私！"坚决主张把崔长仁斩首。这种不纵容外戚，自觉维护皇权的风范，也很是让人敬仰。

管理后宫是皇后的基本参政模式。不过，独孤皇后并不是一般的皇后。她的一只脚稳稳地站在后宫中央，另一只脚却已经迈向了前朝。独孤皇后不仅跟随隋文帝上朝听政，在隋朝最重要的人事任免上，她的意见也颇具分量。其中最经典的例子就是隋文帝时代最重要的宰相高颎。高颎本是独孤皇后的父亲独孤信的家臣，北周建立之初，独孤信被逼自杀，一时树倒猢狲散。只有高颎对独孤家族不离不弃，让年轻的独孤伽罗感念不已。杨坚刚一辅政，独孤皇后就大力推荐高颎，让他在第一时间进入相府。后来，高颎高居相位十余年，经历多次政治风浪，始终不动如山，也是因为有独孤皇后这样一个坚强的靠山在。正因为他跟皇后这层特殊关系，隋文帝尊重当年独孤信赐给高颎的胡姓，在朝廷里干脆管他叫独孤，这不明摆着把他算成皇后的人吗！

可是，独孤皇后在政治上的影响力太大了，她信任高颎的时候，固然会提拔高颎，保护高颎；但是，一旦她的心情有变，也就成了高颎最重量级的杀手。隋文帝临幸的尉迟宫女被独孤皇后打死，文帝一怒之下跑进终南山，当时，赶去劝解的宰相正是高颎。为了让隋文帝回宫，高颎劝慰道："陛下岂以一妇人而轻天

119

下！"就这么一句话，让他在独孤皇后这边失宠了。独孤皇后是个非常自信的人，她觉得自己就是天下。没想到，高颎居然说她只是一介妇人，跟天下相比无足轻重，独孤皇后心里岂能平衡！从此，她对高颎就生出了嫌隙。正在这时，高颎的结发妻子去世了。独孤皇后一片好心，劝说高颎续弦，还要亲自替他张罗。没想到，高颎却拒绝了，声称是对妻子旧情难忘。独孤皇后不是最在乎一夫一妻吗？听到如此深情的说法，几乎都要感动了。可是，没过多久，却传来了高颎的小妾生子的消息。这样一来，独孤皇后可真觉得被冒犯了。原来，你是在我面前耍花枪，你不是不想再娶，你只是不要我给你张罗的人，是可忍，孰不可忍！开皇十九年（599），在独孤皇后的一再挑拨下，高颎被隋文帝革职为民。真可谓成也萧何，败也萧何。而且，随着高颎被贬，辉煌一时的开皇之治也就基本落幕了。因为个人感情而影响朝政，这样说来，独孤皇后御国，也是毁誉参半。

行文至此，可能读者朋友会好奇，无论御夫、御子还是御国，你都同时写正反两面，那么，你到底如何评价独孤皇后呢？个人觉得，独孤皇后是一位极有本领的女性，但是，她也有重大缺点，那就是过于严苛。她是一个非黑即白的人，在她的心灵世界里，没有灰色这种过渡色；她在跟人打交道的时候，也缺乏必要的宽容度。有道是"水至清则无鱼，人至察则无徒"。当你只允许完人存在，而对不完美的人又具有生杀予夺大权的时候，就会出现三种可能：一种是这个不完美的人拼命压抑着自己的不完美，等有一天他终于有机会释放的时候，那不完美会变本加厉地表现出来，比如隋文帝；还有一种是不完美的人假装成完美的样子来欺骗你，但他终有狐狸尾巴露出来的那一天，比如隋炀帝；而第三种则是这个人虽然不完美，但仍是一个有价值的人，而这个有价值的人却因为不完美而被你淘汰了，比如高颎。这三种状况，无论是对家庭还是对国家，都会产生负面影响。

还是回到我们屡屡关注的家风问题。到底什么是家风呢？我觉得，所谓家风，就是一个家庭共享的性格特点和价值追求。家风对人的塑造力太大了，就以隋文帝一家来说吧，不仅独孤皇后严苛，她的丈夫隋文帝、儿子隋炀帝也都绝不通融，正是这种绝不通融的察察之政让盛极一时的大隋王朝像钢一样，虽然强硬，却也易断。

当年，隋文帝视察并州，曾经写过一首诗："红颜讵几，玉貌须臾。一朝花落，白发难除。明年后岁，谁有谁无。"这首诗大概同时在感慨着他和独孤皇后两人永不再来的青春岁月吧。虽然时光流逝是人类的永恒慨叹，但我仍然一直觉得，这首诗的情感基调有点奇怪。奇怪在哪里呢？它缺乏一种开国皇帝特有的朝气。它显得那么消沉，那么落寞。是不是一个对人对己都过于苛刻的人格外容易消沉和失望呢？而失望又会反转过来，让人更加苛刻。其实，人生就是一场修炼，把生铁炼成精钢是智慧，让百炼钢化为绕指柔更是智慧，人生的成败，有的时候，就在这火候的把握上。

平阳公主

　　女子从军，在中国古代是极为罕见的事情。所以木兰从军的故事虽然半真半假，但是也被传唱了一千多年。从军尚且困难，领军就更是凤毛麟角。抛开文学故事不谈，在历史上真正带兵打仗的女将军，商朝的时候有妇好，南北朝的时候有冼夫人，再数到第三位，应该就是著名的娘子军领袖，大唐平阳公主。

　　平阳在古代是个很常见的公主封号，历史上至少有八个公主都受封为平阳公主。其中比较有名的是汉武帝的姐姐平阳公主，她曾经向汉武帝推荐了卫子夫和李夫人两位重量级美女，这两位美女先后成为汉武帝的皇后。平阳公主自己又嫁给了卫子夫的弟弟卫青，成了大名鼎鼎的将军夫人。这是一份很厉害的人生履历吧？但她还是没有唐朝的平阳公主厉害，唐代的平阳公主不仅仅是将军夫人，她自己就是赫赫有名的将军；而且，她可不是依靠投胎技巧高，恰好生在皇家才成为公主，恰恰相反，大唐的江山，就是她参与打下来的。也就是说，不是先有大唐，后有公主；而是先有公主，后有大唐。更重要的是，这位平阳公主给中国留下了一个响当当的名号——娘子军。娘子军本来是她领导的军队的称号，后来就成了女战士的代名词。二十世纪三十年代，纵横驰骋海南岛的工农红军第二独立师女子军特务连，不就被称为"红色娘子军"吗！那么，这位平阳公主到底有怎样的传奇人生呢？我跟大家分享三个片段。

第一个片段叫"走你的，别管我"，这是平阳公主跟她的夫君柴绍说的一句话。平阳公主是唐高祖李渊的三女儿，当时女孩的名字都不外传，我们姑且就叫她李三娘吧。李三娘长大之后嫁给了一个名叫柴绍的武官。那时候还是隋炀帝时期，柴绍正担任元德太子杨昭的千牛备身。所谓千牛备身，是古代的官名，负责"执御刀宿卫侍从"，算是皇帝的贴身卫兵。既然丈夫是皇帝的侍卫，李三娘也就出嫁从夫，跟丈夫一起住在长安城。可是，这时候的隋朝已经是所在蜂起，众叛亲离了。隋炀帝带领一伙亲信躲在扬州，只留下自己的孙子，年仅十二岁的代王杨侑留守长安。看到这种局面，李三娘的爸爸，也是隋炀帝的姨表哥，太原留守李渊决定起兵，跟隋朝争夺天下。就在起兵之前，李渊派出使者悄悄来到长安城，让柴绍夫妇赶紧到太原去。为什么他这个时候要召回柴绍夫妇呢？一方面是打仗亲兄弟，上阵父子兵，需要儿女都来帮忙。另一方面，这也是在保护柴绍夫妇。否则，李渊这边一造反，杨侑那边肯定得先杀柴绍夫妇。所以，李渊让柴绍和三娘赶紧离开长安，到太原去会合。可是，这个时候，柴绍犹豫了，他怕拖家带口，走不利落。于是就对李三娘说，你父亲要起兵反隋，我也想去给他帮忙。可是，咱们一起走目标太大，恐怕走不了，我一个人走，又怕你留下来有危险。怎么办好呢？很显然，柴绍是把李三娘当成拖累了，觉得怎么安排她都不是，颇有点项羽当年"虞兮虞兮奈若何"的无奈。在这种情况下，若是一般的小女子，肯定会死死拉住丈夫不放，要活一起活，要死一起死；如果遇到虞姬那样的烈女子，还可能会自杀明志，不让丈夫有后顾之忧。李三娘怎么表态呢？她既不是个缠缠绵绵的弱女，也不是个视死如归的烈女，她从容地对柴绍说："君宜速去。我一妇人，临时易可藏隐，当别自为计矣。"你赶快走吧，我一个妇女，容易躲藏，我自有办法。这不就是"走你的，别管我"吗？这个表态倒是从容镇定，问题是，她的办法到底在哪里呢？

这就是第二个片段，叫"我比你强"。柴绍一走，李三娘立刻悄悄地离开了长安城，来到了鄠县。鄠县就在长安城的西南边，他们夫妇在那里有个庄园。回到庄园以后，李三娘可没有藏入深闺，恰恰相反，她立刻散尽家财，招兵买马。很快，原本在终南山占山为王的几百个亡命之徒就汇聚到了她的麾下。以这几百人为班底，李三娘也打起了造反的大旗。这可不是避祸了，这不干脆就是找打吗？李三娘为什么要这样做呢？因为她太有政治眼光了。还在长安的时候她就一直冷眼旁观，她知道，尽管代王杨侑还控制着长安城，但是，长安城外早就成了造反者的天下。这些造反者力量不小，但是群龙无首，这时候，只要有一个有号召力的人振臂一呼，他们就会应者云集。谁来做这个领头人呢？当时的政治舞台上，活跃着一支力量，史家称之为"关陇贵族集团"。

这支集团的顶层是西魏分封的八柱国、十二大将军，一共二十家核心力量。西魏、北周和隋朝的皇帝都出身于这个集团，而李渊的祖上李虎正是当年的八柱国之一，因此也是这个集团中人。当时人都觉得，只有这个集团中的人才能当皇帝，既然如此，自己何不打起爸爸的旗号，就当这个领头人呢？就这样，李三娘打出了"唐国公李渊之女三娘子"的名号，开始招降纳叛了！

招降纳叛这个大方向不错，可是，由谁招，招揽谁却特别考验领导人的水平。如果派出去招降的人是个刚愎自用的草包，那么真正的英雄肯定会看不上眼，不为所动。同样，如果招来的人都不堪大任，那么再好的金字招牌也会被搞砸。李三娘真是火眼金睛，她在自己的亲信之中，选出了一个招降使者马三宝，又在周边的造反派中，选出了一个重点招降对象何潘仁，有了这两个人，李三娘的一盘棋就活起来了。

先说马三宝。马三宝是何许人？他其实是柴绍的一个家奴，柴绍去了太原，就把他留给李三娘使唤。经过一番考察，李三娘觉得马三宝忠诚机变，胆大心细，就派他做自己的全权代表，让他到周边造反派的营寨之中，一家一家地谈判，拉他们入伙。

再看重点招降对象何潘仁。何潘仁又是何许人？此人并非中原人，而是唐朝大名鼎鼎的商胡群体昭武九姓粟特人，出身于中亚的何国。现在我们在博物馆里看到的那些深目高鼻，戴尖帽子的胡俑，就是粟特人的形象。粟特人沿着丝绸之路东奔西走，本来是标准的生意人，不过，古代的商道并不安全，为了保护自己和货物，他们也都有武装。眼下天下大乱，生意难做，何潘仁手里有钱有枪，干脆改行当起了盗贼，手下聚集了好几万人，是当时长安周边最大的势力。这样的势力李三娘当然不可能放过，马上就派出马三宝，游说他入伙。

何潘仁是个商人，最擅长权衡利弊。他自己很清楚，作为西域商胡，他不可能真的在中原的政治舞台上呼风唤雨。所以，他虽然兵强马壮，却一直自称总管，也就是大管家，等待真正有本事的人来收编他。眼下这位李氏三娘子，不仅自己英雄了得，还是唐国公李渊的女儿，跟着她，绝对更有前途。就这样，马三宝和何潘仁一拍即合，何潘仁的队伍改旗易帜，成了李三娘的手下。

马三宝是奴隶，何潘仁是西域商胡，这两个人在当时人看来都是下等人，可是，李三娘不受这些陈腐观念的束缚，对他们委以重任，用之不疑，这就叫不拘一格降人才。就这样，在李三娘的努力下，长安周边的起义军基本上都被纳入了她的麾下。手下部队很快扩充到了七万人。这七万人是个什么概念呢？要知道，李渊起兵太原，也不过统兵一万。此刻，李三娘手下的兵力，已经是老爸的七倍了！想想看，这么一支大部队的领袖居然是个女人，这在当时真是骇人听闻，所以，人们干脆称之为"娘子军"。也就是说，所谓娘子军，并不是指娘子当兵，而是指娘子为将。古人说得好，千军易得，一将难求，这娘子军的领袖，岂是凡人！

可是，一支军队光有数量还不行，更重要的是质量。李三娘收编的人马本来都出自不同的山头，谁也不服气谁，如果不能令行禁止，再多的人也只是一盘散沙。怎么才能把这样一群"乌合之众"改造成一支所向披靡的劲旅呢？《旧唐书》云："每申明法令，禁兵士，无得侵掠，故远近奔赴者甚众。"换言之，李三娘不仅能成军，更能治军。她的军队军纪严明，秋毫无犯，这对于当时饱受战乱之苦的老百姓来说，不正是值得拥戴的仁义之师吗！投奔她的人也就越来越多了。娘子军异军突起，当然会引起隋朝留守部队的不安，他们几次讨伐，却都被打得落花流水。很快，周至、武功、始平等长安周围的县就都姓了李，娘子军所向无敌，威震关中，长安真的成了一座孤城。

势力发展到这一步，李三娘派人给李渊报信去了，说自己已经扫清障碍，恭候爸爸的大军！听到这个消息，李渊真是喜出望外。本来，李渊起兵就是父子兄弟齐上阵，他当时基本成年的儿子一共有三个，老大李建成率领左路军，老二李世民率领右路军，老三早死，老四李元吉率军镇守大本营太原，女婿柴绍则隶属于李世民麾下。这些儿子之中，最大的李建成不过二十八岁，最小的李元吉只有十四岁，就都独当一面，没想到独自一人留在长安的女儿也如此厉害，这真是山河俱壮，儿女英雄！

当时，李世民率领的右路军是前锋部队，先行进入关中，李渊就让他赶紧跟姐姐会师。既然李三娘的丈夫柴绍隶属李世民的麾下，李世民就让姐夫带上骑兵赶紧走，去迎接姐姐。柴绍这边是多少人马呢？按照史书记载，柴绍麾下是几百个骑兵。而李三娘呢？早已率领精心挑选出来的一万精兵恭候。看着眼前英姿飒爽的三娘子，想想自己当时嫌人家碍事，把她独自一人留在长安的情景，不知道柴绍会不会羞愧难当呢？这就是李三娘人生的第二个片段"我比你强"，能有这样的威风，真是为千秋儿女生色！

就这样，在长安城下，李三娘和她的丈夫柴绍相对开幕府，各自设立自己的中军大帐，统领自己的军队，围攻长安。在李渊一门父子夫妇的猛攻之下，长安城很快易主，中国历史也从隋朝换到了唐朝。李渊当上了唐朝的开国皇帝，论功行赏，要分封儿女了。在这之中，李建成封为太子，李世民封为秦王，李元吉封为齐王。李三娘呢？她被封为平阳公主。为什么给她这么一个封号呢？首先，她丈夫柴绍是山西临汾人，临汾古称平阳，封她做平阳公主，彰显的是对公主夫家的尊重。但是，这可能并不是唯一的原因，还有一个缘故更有趣。平阳是在隋朝才被改叫临汾的，之所以改名，是因为隋文帝姓杨，他觉得平阳这个名字不吉利。当时的隋文帝万万想不到，威风八面的杨隋王朝，真的会被铲平，而它的铲平者之一，居然是一位女子吧。李渊抚今追昔，不由得幽默了一把，既然女儿在铲平杨隋的过程中立了大功，为什么不干脆封她为平阳公主呢？就这样，平阳公主这个响当当的名号横空出世了。这不就是前文所说的先有公主，后有大唐吗！

第三个片段叫"她配得上军礼"。可能读者朋友注意到了，第一个片段叫"走你的，别管我"，第二个片段叫"我比你强"，都是拿平阳公主做了第一人称，直接从她的角度立论。这第三个片段为什么叫"她配得上军礼"，改成第三人称了呢？因为唐高祖武德六年（623），也就是唐朝建立六年之后，平阳公主去世了。怎么安葬这位功勋卓著的公主呢？唐高祖下诏："加前后部羽葆、鼓吹、大路、麾幢、虎贲、甲卒、班剑。"这都是当时高规格的葬礼仪仗，寄托着唐高祖对公主的哀思。可是，当时主管礼仪的太常却提出了不同意见。他们说，自古以来，妇女的葬礼就没有用鼓吹的，这恐怕不合规矩。面对这种意见，唐高祖发话了。他说："自古以来为什么妇女不用鼓吹呢？因为鼓吹是军乐，一般妇女不从军，当然不能用。可我的平阳公主不一样。当年，她在鄠县起兵，擂鼓鸣金，身先士卒，有克定天下之功。她本身就是带兵打仗的大将军，为什么不能用军乐来安葬呢？"就这样，因为唐高祖一锤定音，唐朝破例以军礼安葬平阳公主，这也是中国古代历史上，唯一一位由军队送葬举哀的女子。这还不够，礼官们还给她上了一个谥号，叫"昭"。昭是什么意思呢？按照中国古代定谥号的原则，明德有功称之为"昭"。所以，平阳公主最后的称号是"平阳昭公主"。历史上的平阳公主确实有好几个，但是，平阳昭公主只有这一位。众所周知，北朝隋唐的女子最为勇武。这勇武如何展现呢？从文学的角度讲，自然是木兰从军最有光彩；但是从史学的角度来看，平阳公主和娘子军无疑更有事实上的影响力。

如此传奇的公主，谁不愿意跟她攀上关系呢？大概从金朝开始，山西有一座很重要的关口苇泽关就被改名为娘子关。很多人都相信，平阳公主曾经率领她的娘子军在此驻扎。这其实并不是事实。虽然李渊从山西起兵，但平阳公主却一直在长安周边活动，并没有去过山西。但是，尽管如此，千百年来，人们还是愿意相信，这就是娘子军建功立业的地方。

明朝有一位诗人叫王世贞，曾经路过娘子关，他抚今追昔，写了一首《娘子关偶成》："夫人城北走降氏，娘子军前高义旗。今日关头成独笑，可无巾帼赠男儿？"什么意思呢？所谓夫人城，指的是湖北襄阳。东晋时期，氐族首领苻坚的儿子苻丕大举进攻襄阳，襄阳守将朱序的母亲韩夫人精通兵法，提醒儿子襄阳城西北角最危险，让儿子加强防守。而且，她还亲自率领婢女和襄阳城中的妇女，又增修了一道内城。后来，苻丕果然从西北角对襄

130

阳发起进攻，但是，因为有了韩夫人的提前防范，苻丕最终没能打下襄阳，只好灰溜溜地撤军。这就是"夫人城北走降氏"。第二句"娘子军前高义旗"，说的无疑就是平阳公主的故事。如果没有平阳公主率领娘子军，高举义旗，唐朝又怎么会那么顺利地建立呢！王世贞为什么要赞美韩夫人和平阳公主呢？他其实是想要借古讽今，激励一下明朝的守关将士：可笑你们这帮家伙，居然还不如韩夫人和平阳公主这样的女子，真应该把妇女的头巾解下来送给你们，让你们也知一知羞。这就是诗中的后两句："今日关头成独笑，可无巾帼赠男儿？"

拿妇女来激励男子是古代文人的常态。《三字经》中说："蔡文姬，能辨琴。谢道韫，能咏吟。彼女子，且聪敏。尔男子，当自警。"承认女子的聪慧，只是为了砥砺男子。同样，王世贞为娘子军唱赞歌，目的也不是真的夸赞妇女，而是为了激励明朝的守边士兵。囿于时代，囿于观念，他们虽然看到了妇女的能力，但并不真的愿意承认妇女的独立价值。但是，今天的我们知道，平阳公主确实是一位有能力的军事统帅，她的存在，不是为了陪衬哪个男子，更不是为了激励哪个男子。她就是她，巾帼就是英雄。

长孙皇后

林下何须远借问，
出众风流旧有名

历史迈过南北朝的动荡，迈过隋朝的冒进，进入花团锦簇的大唐盛世，需要一位真正有影响力的大女主来开创局面，引领风骚。唐太宗的长孙皇后，就是这样一位有分量的大女主。

在中国所有的皇帝家庭中，唐太宗和长孙皇后堪称绝配。唐太宗号称是"千古一帝"，长孙皇后则被誉为"千秋贤后"。而且，古代人还认为，唐太宗能够成就千古一帝的功业，在很大程度上离不开长孙皇后这个贤内助的辅佐，这当然是对长孙皇后极高的评价。事实上，因为中国古代主张"女无外事"，所以，除了少数妇女能够因缘际会，走上政治前台，绝大部分女性的人生定位都是内助。从"内助"到"贤内助"，别看只差一个字，要求可是高了许多，真正达标的人并没有多少。那么，长孙皇后到底有哪些贤德的表现，能够成为古今公认的贤内助呢？身为皇后的女子，有三大舞台，分别是后宫、朝廷和本家，而长孙皇后恰恰有三大好处，分别是后宫贤主、政治高参和外戚防波堤。

先看后宫贤主。中国古代，皇后是六宫之主，所以，后宫算是皇后的主场。六宫之主应该怎么当呢？我们现在看后宫戏，总觉得皇后在后宫里的工作就是生儿子和争宠两件事，这真是天大的误会。其实，如果把后宫比成一个大企业，那么，皇帝是后宫的董事长，而皇后则是后宫的 CEO，也就是首席执行官。首席执行官最重要的工作，其实是维持公司的平稳运行。怎么维持呢？举一个例子。唐太宗戎马起家，其实是个暴躁的人，有的时候会乱发脾气，迁怒于宫女，这在古代叫作"以非罪谴怒宫人"，难免会有冤假错案。出现这种情况的时候，CEO 该如何处理呢？按照史书记载，每次遇到这种情况，长孙皇后总是表现得比唐太宗还愤怒，她说："后宫居然出了这样的事情，真让我这个六宫之主惭愧不已。陛下就交给我吧，我一定从严处理！"随即就命人把那个犯错误的宫女关起来。唐太宗一看皇后跟自己立场一致，而且出手快，下手狠，丝毫没有包庇宫女的意思，自然也就不说什么了，任凭她来处置。这不就等于先把犯错误的宫女保护起来了吗？等过了几天，唐太宗息怒了，不怎么理会这件事了，长孙皇后再仔细考察，合情处理。

什么叫作合情处理呢？她的原则是重责而轻罚。既然宫女能惹唐太宗生气，说明她肯定有一些毛病，因此一定要重重地责备她，让她认识到错误的严重性。这既是给皇帝面子，也是让宫女长记性，日后不会再犯。但是，在重重责备之后，长孙皇后却又从轻发落，不轻易让任何人失去在后宫生存的机会。这样处理好不好呢？当然好。首先，凡是后宫里的事情都由皇后全权负责，不上交矛盾，这就树立了皇后的权威。其次，既讲规矩，又留余地，这就保证了后宫的严肃与祥和，有这样的大姐型 CEO 坐镇，连后来呼风唤雨的武则天都只能暂时蛰伏，兴不起风浪来，这不就是后宫贤主吗？

再看政治高参。后宫是皇后最重要的领地，但绝不是唯一的领地。中国古代讲究家国一体，真正的贤内助总有一只眼睛要盯在国家大事上。怎么才算盯着国家大事呢？像独孤皇后那样和皇帝一起上朝，直接插手政务的做法，古代主流意见并不认可，弄不好还会被扣上"牝鸡司晨"的帽子。在这种情况下，长孙皇后怎么做政治高参呢？她有一个很重要的原则：抓大放小。什么是小呢？其实，所有的具体决策都是小事，这种事长孙皇后绝不过问。根据《旧唐书》的记载，每次唐太宗问起长孙皇后对某些政事的意见，长孙皇后都会严正地说："牝鸡之晨，惟家之索。"我一个女流之辈，怎么能对朝政指手画脚呢？陛下若是真有疑惑，就找大臣商量吧。这样不置一词，有的时候连唐太宗都有点不快，觉得这个皇后太拘泥于陈规。可是，长孙皇后是个讲原则的人，说不管就是不管。

那么，她管什么呢？她管大事。所谓大事，就是事关政治原则、政治道德的事。举个例子吧。唐太宗时期，有个宰相叫魏徵，以进谏著称。根据《贞观政要》记载，唐太宗贞观年间，大臣们给他提的意见一共有四百多条，其中，魏徵一个人提的就有二百多条，真是一个有想法的硬骨头大臣。可是，意见多了，难免有惹人不痛快的时候。有一次上朝，魏徵又给唐太宗提了意见，而且提得相当尖锐，相当刺耳。唐太宗回到后宫，怒气冲冲地说："会须杀此田舍翁！"也就是说，我一定要干掉这个乡巴佬！长孙皇后赶紧问："哪个乡巴佬呀？"唐太宗说："还不是魏徵！这个家伙居然在朝堂上公然羞辱我，是可忍孰不可忍！"长孙皇后一听，并不答言，抽身退回内室。不一会儿，换了一身朝服走出来，端端正正站在了唐太宗面前，欲行大礼。要知道，朝服是皇后的正规礼服，只有在皇后受册封、主持祭祀以及参加大朝会的时候才会穿戴。这个时候，非年非节，皇后一身朝服站在那里，唐太宗当然是丈二和尚摸不着头脑。长孙皇后说："我如此郑重其事，是要对陛下表示祝贺呀。我听说过一句古语，叫作'君明则臣直'。魏徵直言极谏，那不正意味着您是一位圣明的君主吗！国有明君，我真是喜不自胜啊！"唐太宗不是傻子，他当然知道，皇后这是在劝谏他，要想当一个圣明的君主，就要有容人之量，容得下逆耳忠言。想通了这个道理，唐太宗自然不会去惩罚魏徵，魏徵也就可以继续放心大胆地直言极谏了。

这就是长孙皇后要管的大事。为什么这是大事呢？因为它涉及皇帝的政治原则和政治道德了。我们中国古代号称君主专制，但这绝不等于皇帝就可以为所欲为。事实上，皇帝必须尊重大臣的意见，用贤人政治来弥补君主集权的不足，这样才能长治久安。正因为如此，古代才专门设置谏官，纳谏也成为皇帝应该遵守的一个基本政治原则，而不杀谏官也就成为好皇帝必须恪守的政治道德。此刻，唐太宗居然意气用事，不愿意纳谏，还要因谏杀人，这可是关系到国家政治风气和政治前途的大事，长孙皇后怎么能不管呢？

管是要管的，但是，她这种管法跟独孤皇后陪皇帝上朝不一样，它管的不是具体朝政，而是丈夫的个人品德，这就属于软性参政，属于贤内助可以管，也应该管的范畴，所以自古及今，无人反对。事实上，长孙皇后不仅仅是管的内容正当，她管的方法更是可圈可点。她既不是像魏徵那样横眉冷对讲原则，也不是像一般家庭主妇那样唠唠叨叨讲利害，相反，她就那么一身华服，盈盈一拜，说："陛下，您一定是一位圣明的天子，我祝贺您！"马上，唐太宗的气就消了，头脑也冷静下来了，长孙皇后的目的也就达到了。这种劝谏的方法不是直谏，而是曲谏，或者叫"谏而不犯"。什么意思呢？我指出你的错误，但是绝不冒犯你的尊严。如此富有女性气息的劝谏方式，恰恰适合唐太宗这样的政治强人，这才能收到最好的劝谏效果。长孙皇后这样既讲原则，又有方法，不正是真正的政治高参吗？

再看外戚防波堤。中国古代皇权是家天下，外戚干政也就成了一个政治顽疾。正因为如此，如何对待外戚，也就成了古代皇后的一个试金石。比如独孤皇后吧，虽然跟隋文帝一起上朝，让很多人不满，但是，她却一直坚持不让外戚掌权，这又为她赢得了相当大的尊重。那长孙皇后又是怎样对待她的娘家人的呢？那就要先看看她的娘家有什么人了。长孙皇后的父亲名叫长孙晟，是隋朝著名的军事家和外交家。当年，他出使突厥的时候，曾经一箭射中两只大雕，让突厥人赞叹不已，这就是成语"一箭双雕"的来历。长孙皇后的母亲姓高，是北齐皇室后裔。很明显，无论从父系、母系哪个角度考量，长孙皇后都出自政治豪门，这样的外戚是最有势力的。

不过，虽然出生在豪门，她家情况又有点特殊。长孙皇后的母亲并不是长孙晟的原配夫人，而是他的续弦夫人。长孙晟在迎娶高夫人之前，已经有了四个儿子，跟高夫人结婚之后，又生下一儿一女。儿子叫长孙无忌，女儿小名观音婢，就是后来的长孙皇后。这本来也没有什么问题，可是，就在长孙皇后刚刚八岁的时候，长孙晟去世了。他这一去世不要紧，他的前房儿子长孙安业立刻把高夫人以及她的一双儿女赶出了家门。幸好高夫人的哥哥高士廉是个好人，收留了落难的母子三人，这才把长孙无忌和长孙皇后都抚养成人。有了这样一番人生经历，长孙皇后这边的外戚到底应该怎么算呢？按照人情，跟长孙皇后最亲近的应该就是她的一母同胞长孙无忌，而同父异母的哥哥长孙安业呢？不仅不亲近，几乎可以算是仇人。那么，长孙皇后究竟如何对待这两个兄长呢？她的原则与人之常情相反，是抑亲而扬疏。

长孙皇后在世时，坚决不让她的哥哥长孙无忌当宰相。可是，长孙无忌不仅是长孙皇后的哥哥，也是唐太宗李世民的发小，同时还是玄武门之变最大的功臣之一。可以说，唐太宗能当上皇帝，长孙无忌功莫大焉。皇后不让长孙无忌当宰相，唐太宗却舍不得这位得力干将。他劝长孙皇后说："我并非因为长孙无忌是你哥哥才提拔他，我提拔他，是因为我确实离不开他，国家也离不开他！你不能只顾自己避嫌疑，你要为国家着想啊！"长孙皇后听皇帝说得这么振振有词，感到难以反驳，只好假装接受下来。但是转过身来，她就去找长孙无忌，让他坚决辞职。有道是人各有志，长孙无忌本人不愿意干，唐太宗也就不好勉强了。就这样，因为这一对兄妹爱惜羽毛，洁身自好，长孙无忌一直到很晚才当上宰相。这叫"抑亲"。那"扬疏"又是怎么回事呢？这就涉及她的同父异母哥哥长孙安业了。唐太宗登基之后，长孙安业也按照唐朝对待皇后亲属的惯例，当上了监门将军。这已经不算亏待他了，可是，他贼心不死，居然卷进了谋反案，按照制度应当处死。当年，独孤皇后不就按照外戚从严的原则，坚决处死了自己表兄崔长仁吗？那么，长孙皇后是否也会这样处理长孙安业呢？并没有。恰恰相反，长孙皇后流着眼泪，在唐太宗面前叩头请命，说："长孙安业的确罪该万死，可是，他当年待我不好，天下尽人皆知，此刻陛下处死他，天下人一定会猜疑，您是因为宠爱我，才要杀了他给我报仇，这不是连累了您的盛德吗？不如这次网开一面吧。"就这样，长孙皇后硬是救下了长孙安业。

长孙皇后为什么要抑亲而扬疏呢？其实，这才是对人情的精准把握。在人们心目中，长孙无忌是皇后的至亲，就算是出于公心，一旦让他当了宰相，人们还是会认为皇后以权谋私；相反，长孙安业是长孙皇后的仇人，就算是出于私心，让他免于死罪，人们还是会觉得这是不报私仇，为人公道。换句话说，公和私本来没有绝对标准，关键问题还是要安定人心。面对复杂的人心，长孙皇后既不是肆意任情，也不是毫不留情，而是以义制情，让自己的行为符合天下人的感情，这才能让外戚安分守己，波澜不惊，所以说，长孙皇后是一道外戚防波堤。

长孙皇后有这样三大优点，堪称古代后妃的标杆。这样的人即使放在今天，仍然会是人们非常欣赏的十项全能型妻子。那么，长孙皇后的才能是如何修炼出来的呢？前人总结，经常会提到出身政治世家、饱读经书等因素。这些原因当然都很重要，但是，只考虑这些外在原因还不够，她还有一个成功的密码，就藏在她自己写的一首诗里。这首诗叫《春游曲》：

上苑桃花朝日明，兰闺艳妾动春情。井上新桃偷面色，檐边嫩柳学身轻。

花中来去看舞蝶，树上长短听啼莺。林下何须远借问，出众风流旧有名。

什么意思呢？皇家园林里的桃花向着太阳，开得那么鲜明，深闺里那位美丽的姑娘，也因此荡漾起了一片思春之情。那水井旁初绽的桃花仿佛偷来了她脸上的红润，那屋檐边新发的柳枝仿佛学习了她身姿的轻盈。她看着那蝴蝶在花丛中款款飞舞，她聆听着黄莺在枝头唱出一长一短的歌声。你又何必到处打听她是从哪里得来的林下风度，她的风流出众早已举世闻名。

有人会说，这不就是齐梁时代宫体诗的模样吗？没错，这首诗是有宫体诗那艳丽的影子，但它仍然有独特的魅力。看看颔联的写法吧。"井上新桃偷面色，檐边嫩柳学身轻。"这个比喻多巧妙啊。它不是把姑娘的粉脸比成桃花，把姑娘的细腰比成柳枝，那叫以人拟物。它反过来比，说桃花红艳得像姑娘那柔嫩的脸色，柳枝摇摆得像姑娘的身段一样轻盈。这不就是反其道而行之，以物拟人了吗？单是以物拟人还不够，它还加上了动作：井上的新桃不是"像"面色，而是"偷"面色；檐边的嫩柳也不是"如"身轻，而是"学"身轻。这是多么生动的拟人写法！一点也不死板，不拘谨，真是个天生的诗人。《红楼梦》里，林黛玉一联"偷来梨蕊三分白，借得梅花一缕魂"尚且受到激赏，何况是比林黛玉还要早一千年的长孙皇后呢？

这还不够。这首诗写得多么得意啊。诗的主人公并非一般人，她能够自由地行走在上苑，可见是个有身份的皇家女子。她自称"艳妾"，可见青春貌美，朝气蓬勃。正因为如此，她看到井泉上刚刚绽放的桃花好似敷上了胭脂，才骄傲地认定那是偷了她娇艳的面色；她看到屋檐边刚刚发芽的御柳随风飞舞，也会自负地觉得那是学习了她身姿的轻盈。这也罢了，更得意的是最后两句："林下何须远借问，出众风流旧有名。"林下当然是指林下风度，那是一种傲岸不羁的君子风度。很明显，这位"兰闺艳妾"不仅有着高贵的身份、娇美的容颜，更有着特立独行的迷人风度，而且，她非常自信地认为，自己这种出众的风采早已经远近知名了！

这种不加掩饰的自信，是何等神采飞扬啊。后世很多有道学气的人都觉得，这首诗太香艳了，又是"兰闺"，又是"艳妾"，又是"春情"，有损长孙皇后的盛德。但是，唐太宗却不这么认为。他觉得这神采飞扬的风流人物，正是长孙皇后在自己心目中的样子，所以他才"见而诵之，啧啧称美"。大概，也正是因为这样的知己之情，才会让这一帝一后珠联璧合，共同创造出明君贤后的神话吧。

我一直觉得，贤后和明君一样，固然要时时提醒自己，也要经常修剪自己，这才能少犯错误，乃至达到奉公灭私的境界；但是，尽管如此，贤后和明君的精神底色一定不是压抑，不是拘束，而是自信。只有高度自信，才能建立起高度自尊，而高度的自尊又会催生出自律的意志和自强的能量。换言之，只有自信的人，才会有力量修理自己，完善自己。

就拿长孙皇后来说吧，因为她相信自己，她才会在玄武门之变中坚定地站在丈夫身边，给将士们传递武器；她也才会在丈夫登基之后毫不犹豫地退到幕后，做一个温柔的贤内助。而且，她还会在该享受生活的时候，恣意地流连美景，也恣意地顾盼神飞，她能写诗记录生活，更能把生活过成壮美的诗篇。这样的人，放在今天，也是傲骨贤妻。

文成公主

自从贵主和亲后，
一半胡风似汉家

　　大唐盛世的一个得意之笔，就是"四夷宾服，万邦来朝"。我们今天自然不必再去迷恋当年的朝贡体制和帝国心态，但是，和更多的民族友好交往，和更多的地域建立联系，无疑是中华民族历史上值得称道的盛事。文成公主就是这盛事的践行者，她所参与的那件历史大事，是与吐蕃赞普松赞干布和亲。

　　文成公主跟松赞干布的和亲故事，在中国可谓家喻户晓；有关和亲，我们也已经写过王昭君的故事。那么，在文成公主和亲这个事情上，还有哪些问题要和大家分享呢？我思考的，其实是三个话题：

　　第一，文成公主和亲，到底是被迫求和还是战略布局？

　　第二，文成公主在吐蕃的地位到底是高还是低？

　　第三，文成公主和亲的意义到底有多大？

先说第一个话题，文成公主和亲，是求和还是布局？很多人一听"和亲"这两个字，马上就血脉偾张，觉得肯定是朝廷不行，才不得不送一个弱女子屈辱求和。其实，不光是现代人这么想，中国古代也有类似的看法。比如，唐朝武则天时期的大臣东方虬，曾经写过一首《昭君怨》："汉道初全盛，朝廷足武臣。何须薄命妾，辛苦远和亲。"什么意思呢？汉朝正是太平盛世，朝廷里多的是赳赳武臣。何必派我这么一个薄命的女子，去那么远的地方辛苦和亲。很明显，在这首诗里，薄命妾对应的是武臣，讽刺的也是武臣。正因为武臣不给力，薄命女子才不得不辛苦和亲。唐朝人习惯以汉比唐，东方虬的这首诗，虽然说的是汉朝的昭君出塞，但话里话外，未必没有包含对本朝和亲政策的否定。

那么，文成公主和亲，到底是不是因为武臣不力，打不过吐蕃呢？这就涉及我们对大唐和吐蕃之间的第一场战争——松州之战的理解了。所谓松州，就是现在四川的松潘。双方曾经在那里打过一仗，正是这一仗直接促成了唐蕃和亲。

松州之战又是怎样打起来的呢？大家知道，吐蕃是建立在青藏高原上的一个政权。青藏高原的自然条件比较差，所以在很漫长的历史时期，人口数量很少，发展也缓慢，并没有形成国家。直到松赞干布横空出世，一举统一了青藏高原，这才建立了吐蕃王朝。吐蕃王朝建立之后向东扩张，很快就知道东方有一个很强盛的大唐王朝。当时，跟吐蕃打过交道的吐谷浑、突厥都跟唐朝和亲，吐蕃有样学样，也想跟唐朝和亲，这样，它跟周边民族打交道才更有底气。于是，贞观十年（636），松赞干布派使者到长安，向唐太宗提出和亲的请求。可是，这个请求马上就被唐太

宗否决了。为什么呢？最主要的原因其实是唐朝不大瞧得上吐蕃王朝。要知道，就在这之前两年，唐朝已经派使臣出使过吐蕃了，带回来的信息是，吐蕃王朝刚刚建立没几年，特别偏远，生产也很落后。这就好比一个穷小子忽然派人到家里来，张口就要娶家里的姑娘，唐太宗怎么可能答应呢？当然拒绝了吐蕃使者的请求。

吐蕃被拒绝之后，并没有直接跟唐朝叫板，而是迁怒于地处唐蕃之间的一个叫吐谷浑的政权了。吐谷浑大体上活跃在今天的青海省，本来就挡在吐蕃向东扩张的道路上，是吐蕃极想吃掉的地盘，求婚失败后，吐蕃就找借口说，唐朝拒婚是因为吐谷浑离间，派兵大举进攻吐谷浑，而且打了大胜仗。有了这次胜利，吐蕃底气很足，干脆进一步屯兵唐朝的松州城下，声称要迎娶公主，如果唐朝不给，就要攻打松州。在这种情况下，唐朝到底会不会许嫁公主？当然不会。吐蕃也就真的开始进攻松州。最初，松州因为守备不足，让吐蕃占了便宜。但是很快，唐朝就派出四路大军一共五万人增援松州，斩首了一千多吐蕃士兵。双方这样一交手，松赞干布算是领教了唐军的厉害，赶紧退兵，遣使谢罪。所以，松州战役，唐朝是打赢了。行文至此，读者朋友们肯定会想，既然吐蕃输了，自然就不敢再来求婚；唐朝赢了，当然就无须派公主和亲了吧？

事实恰恰相反。就在这次战役之后，松赞干布又派出使臣到长安，再次恳请跟唐朝和亲。而唐太宗呢？这一次倒是痛痛快快地答应了。为什么呀？这就是政治家的眼界和心胸了。所谓不打不相识，松州一战，双方都认识到了对方的实力。吐蕃越是看好大唐，就越需要借助通婚来赢得威信；而唐朝呢，当时的战略重点在西北而不在西南，也愿意通过联姻的方式稳定吐蕃。既然双方都有实力，掰手腕肯定会疼，因此不如握手言和，让双方都实现利益最大化。这才是文成公主和亲的真谛。

事实上，不仅文成公主和亲不是被迫求和，中国古代大多数公主和亲，无论是汉朝的昭君出塞，还是清朝的和藩蒙古，都不是屈辱求和。为什么呢？因为需要和亲，恰恰说明任何一方都没有能力直接用武力解决问题，如果哪一方具有碾压性优势，那还有什么必要和亲，直接打不就行了！所以，文成公主和亲其实是一种战略布局，这个战略的核心就是以最小的代价换取最大的国家利益。文成公主当时只有十几岁，作为那个"代价"远嫁异域，当然令人同情，但是，唐太宗说了："朕为苍生父母，苟可利之，岂惜一女！"中国古代家国一体，文成公主虽然不是唐太宗的亲生女儿，但是，作为皇族的女儿，为国家做出牺牲，也算是一种高贵的履职吧。

再看第二个问题，文成公主在吐蕃的地位是高还是低呢？这个问题本来不是问题，我们从小学习历史，都会看到松赞干布和文成公主并肩而坐的雕像，藏族人民至今还仍然认为文成公主是观音菩萨的化身，是大慈大悲的绿度母，这本身都证明了文成公主的崇高地位。但是近些年来，总有人说，文成公主不是松赞干布的第一任妻子，只能算是松赞干布的妾。还有人说，泥婆罗的尺尊公主地位在文成公主之上。这又是怎么回事呢？

首先，文成公主是不是松赞干布的首任妻子？确实不是。松赞干布自从十三岁当上赞普后，就不断结婚，目前留下记录的妻子就有五位之多。文成公主嫁给松赞干布的时候，松赞干布已经

146

二十四岁了，所以，从时间顺序上讲，文成公主确实不是松赞干布的第一任妻子，甚至有可能是最后一任妻子。问题是，这是不是就意味着文成公主地位低呢？当然不是。松赞干布联姻，完全是为了政治结盟。松赞干布出身于山南地区，那里也算是吐蕃王室的老家。但是，他的第一任王妃并非同乡，而是来自北边的拉萨，第二任王妃来自更北边的阿里，这两个地区都是吐蕃最早的扩张方向，把这两个地区纳入统治范围，再加上原有的山南地区，吐蕃王朝才有了基本盘。松赞干布的第三任王妃来自党项，活动范围在今天的川西；第四任王妃来自泥婆罗，也就是今天的尼泊尔。这两个地方，恰恰也是吐蕃的重点扩张方向，后来都成了吐蕃的藩属。第五位王妃就是文成公主，文成公主出身于大唐王朝，大唐既不是吐蕃的本部，更不是吐蕃的藩属，而是吐蕃最重要的"敌国"，和吐蕃地位对等，而政治影响力更强，既然如此，文成公主的地位，又怎么可能低于其他王妃呢？事实上，吐蕃当时根本就没有中原王朝那样的嫡庶制度，这五位王妃大体属于并列关系，但是，根据汉藏两族史料的记载，文成公主无论是在生前待遇还是在死后礼仪，都是最高等级，这也恰如其分地反映出了她母国的地位。

其次，泥婆罗的尺尊公主又是怎么回事呢？这位尺尊公主，其实就是我们上文提到过的第四任王妃。现在好多西藏寺院都供奉着她和松赞干布以及文成公主三人并肩而坐的塑像。有人因此说，尺尊公主的地位在文成公主之上。是不是呢？其实也不是。除了我们刚才分析的母国出身之外，还有一个更重要的理由：这位尺尊公主在历史上是否真实存在，还是存疑的。因为现在所有关于尺尊公主的史料，都出现在十四世纪之后，这距离他们生活的七世纪，已经过去了整整六百年。想想看，六百年之中，无论是汉文史料、藏文史料还是泥婆罗史料，通通没有提到尺尊公主，是不是很令人怀疑？就算汉文史料为了凸显文成公主的地位，故意隐去了尺尊公主的痕迹，吐蕃史料为什么会遗漏如此重要的王妃呢？再退一步，就算是吐蕃史料不小心遗漏了，她的母国泥婆罗后来成了吐蕃的藩属国，如果真有一个女儿嫁给了松赞干布，应该是很荣耀的事情，为什么也没留下只言片语呢？当然，肯定有读者朋友会疑惑，既然如此，为什么几百年之后，又出现了那么多关于尺尊公主的史料呢？我想，最主要的原因可能是藏传佛教的兴起。大家知道，松赞干布和文成公主生活的那个年代，虽然佛教已经传入吐蕃，但是吐蕃最有势力的宗教还是苯教。此后，佛教在青藏高原的发展历经磨难，一度都没了踪迹。直到十世纪之后才又重新传入，此后越来越盛，逐渐成为青藏高原最有影响力的宗教。想来，大概就是在佛教日渐强盛的背景下，人们才创造出这样一位来自佛教故乡的公主。如果真是这样，那么，拿她去和真实存在的文成公主比较，不就没有意义了吗？当然，在藏族人民的信仰中，文成公主是绿度母，尺尊公主是白度母，她们都被认为是观音菩萨的化身，享受着崇高的尊重。但是，信仰归信仰，历史归历史，如果单从历史的角度看，文成公主在吐蕃的地位绝对不容置疑，无人可以挑战。

再看第三个问题，文成公主和亲的意义到底有多大？这就涉及如何看待和亲的意义了。当年，汉高祖刘邦的谋臣娄敬劝刘邦跟匈奴的冒顿单于和亲，曾经给出过一个很有诱惑力的理由。他说："冒顿在，固为子婿，死，外孙为单于。岂曾闻孙敢与大父亢礼哉！"什么意思呢？既然和亲了，匈奴的首领就成了汉家的女婿，就算日后女婿死了，接班的也是咱们的外孙子，哪有外孙子敢跟姥爷打仗的道理呢！这个想法，其实不光是汉朝有，唐朝也有。那么，文成公主和亲之后，是不是唐和吐蕃就不打仗了呢？当然不是。有人统计过，文成公主和亲之后，唐蕃之间大大小小的战争又有一百七十多次。很明显，如果仅仅从打不打仗这个角度来考虑和亲，那么，和亲肯定是用处不大的。

问题是，和亲最重要的意义是不是不打仗呢？其实并不是。它最真实的作用有两个，一个是合法派驻一个外交使团，另一个则是在双方之间建立一种长久的亲缘纽带。就拿文成公主来说吧，她和亲可不是一个人去的，而是带上了官员、婢女、乐工、工匠等好几百人，这些人就成了常驻吐蕃的外交使团。他们会了解吐蕃的动态，代表唐朝跟吐蕃交涉，还会以公主的名义写信回母国，提供两国交往的建议和意见。如今，文成公主的往来信件都没有保存下来，但是后来，唐中宗不是又派金城公主跟吐蕃和亲吗？金城公主写给唐玄宗的信还保留下来若干封，引用其中一段，大家就明白是怎么回事了。"往者，皇帝兄不许亲署誓文，奴奴降番，事缘和好，今乃骚动，实将不安和。矜怜奴奴远在他国，皇帝兄亲署誓文，亦非常事，即得两国久长安稳，伏惟念之。"什么意思呢？金城公主管唐玄宗叫"皇帝兄"，就是皇帝哥哥，自称为"奴奴"，也就是我们在戏文里常看到的"奴家"。她说，过去皇帝哥哥不肯亲自签署两国友好的誓文。可是，奴奴我和亲，本来就是为了双方和好。现在两国交兵，我实在不安。还请皇帝哥哥看在奴奴的面子上，就签署了吧！这不就是在发挥外交官的作用吗？

再说亲缘纽带。因为有了文成公主和亲，唐朝和吐蕃就形成了舅甥关系。岳父和女婿当然还是会为各自的利益去较量，乃至兵戎相见，但是，只要有和亲关系在，双方就有了一个沟通的渠道，也有了一个缓和的理由。例如，唐玄宗的时候，每次唐朝想要跟吐蕃沟通，就会声称去探望金城公主，顺便跟吐蕃谈判，而吐蕃这边呢？如果想要改善关系，也会请求金城公主写信，表明友好的愿望。其实，我刚才引用的那封信，不就是吐蕃的停战请求吗？一直到长庆元年（821），唐朝跟吐蕃最后一次会盟，双方还是要在碑文中写上："大唐文武孝德皇帝与大蕃圣神赞普，舅甥二主商议，社稷如一，结立大和盟约，永无沦替，神人俱以证知。"什么意思呢？经唐穆宗和吐蕃赞普这舅甥二主商议，双方订立和平盟约，永不改变，神人共同做证。这就是现在还矗立在拉萨大昭寺前面的唐蕃会盟碑。想想看，到长庆元年，距离文成公主和亲已经过去了将近二百年，但是，只要有了当年那次和亲，舅甥的名分就会保持下来，双方的关系也就有了亲缘依托，这可是一种最长久的纽带。

其实，再往深究，这两个意义也还在其次，更重要的意义是和亲带来的文化交往。文成公主除了带去大批随从，还带了好多物件。比如图书、佛像、种子、药品等等，这些都是中原文化的成果，带到吐蕃之后，当然会影响到吐蕃原有的生活方式。任何文化的交流都是双向的，唐朝影响吐蕃，吐蕃也就会影响唐朝。据说，文成公主刚刚到吐蕃的时候，不喜欢吐蕃人赭面（用化妆品把脸涂红）的习俗，松赞干布还因此下令，让吐蕃人不许赭面。

可是，到了唐后期，唐朝人居然把赭面当成了时尚。白居易写过一首《时世妆》，诗中说："圆鬟无鬓堆髻样，斜红不晕赭面状。"唐朝的姑娘们都不再把腮红晕开，而是红红的一片，模仿赭面的样子，这不就是吐蕃文化又反过来影响了唐朝吗？

　　唐朝后期，有一位诗人叫陈陶，写过四首《陇西行》，其中第四首是这样写的："黠虏生擒未有涯，黑山营阵识龙蛇。自从贵主和亲后，一半胡风似汉家。"什么意思呢？大唐跟吐蕃龙争虎斗，想要一战解决问题是不可能了。可是，自从文成公主和亲以后，吐蕃的风气已经越来越像汉家。很明显，陈陶不相信战争，但他相信春风化雨的浸润。这样的浸润，我们今天仍然相信，甚至是坚信。以女性的柔弱之手，拉起两个当时最为强悍的政权，并且把他们紧紧地挽在一起，千百年也不再分开，这才是文成公主最重要的历史贡献，能够有这样的作为，文成公主当然不朽。

武则天

○

大唐王朝富有魅力的重要原因之一，就是捧出了一代女皇武则天。这位中国历史上独一无二的女皇帝，本身就是大唐王朝开放、包容、积极进取的最好代言人。

武则天的人生是一部大戏，古往今来的研究文章浩如烟海，我自己也曾经在《百家讲坛》开过三十二讲的讲座，还专门写过一本《蒙曼说唐——武则天》。如此伟大而丰富的人生当然可以从无数个角度梳理，本文所选取的观测角度是诗文，我要与大家分享跟她的一生密切相关的三个唐诗故事。

第一，武媚娘诗挑唐高宗。

第二，武皇帝写诗催花开。

第三，龙门赋诗夺锦袍。

先看第一个故事，武媚娘诗挑唐高宗。这件事发生的时间，是武则天的第一任丈夫唐太宗去世之后，她的第二任丈夫唐高宗把她接回后宫之前。发生的地点，则是在当时的皇家寺院感业寺。这件事发生的时候，武则天的身份既不是唐太宗的武才人，也不是唐高宗的武皇后，更不是后来那个君临天下的武皇帝，她当时的身份就是感业寺的一个青年尼姑。我们现在见到尼姑，往往尊称一声师父或者师太，可是，武则天当时的所作所为却不怎么合乎师太的身份，因此，倒不如沿用唐太宗给她起的名字，叫她武媚娘了。武媚娘诗挑唐高宗用的是哪一首诗呢？武媚娘是个有本事的人，才不肯拾人牙慧，她自己创作了一首诗，叫《如意娘》。诗云：

看朱成碧思纷纷，憔悴支离为忆君。不信比来长下泪，开箱验取石榴裙。

什么意思呢？先看第一句"看朱成碧思纷纷"。所谓看朱成碧，就是把红的看成绿的。问题是，红和绿这两种颜色差别太大了，除非是红绿色盲，否则几乎不可能发生这样的误会。既然如此，武则天为什么要这么写呢？这其实有两方面的意思。第一，表明主人公魂不守舍，也就是诗中所说的"思纷纷"。当年，梁朝的诗人王僧孺就写过"谁知心眼乱，看朱忽成碧"，所谓天下文章一大抄，很明显，武则天这一句"看朱成碧思纷纷"就是从王僧孺这儿借来的。但是，这只是"看朱成碧"的一个意思。看朱成碧还隐含着一个意思，就是青春易逝。李清照的《如梦令》不是说了吗，"知否知否，应是绿肥红瘦"？风雨交加，春光易逝，仿佛只是那么一转眼，却已经是"花褪残红青杏小"了，枝头的红花被绿叶取代，这不也是"看朱成碧"吗？大自然的春光易逝正如美人的青春易逝，眼看着自己韶华逝去，美人怎么可能不"思纷纷"呢？把这两个意思叠加在一起，才是这一句"看朱成碧思纷纷"的真实含义，美人的年华都要老去了，心上人却还不来欣赏，这怎能不让她神魂颠倒，乃至于看朱成碧呢？那么，这个美人究竟为谁魂不守舍呢？这就是第二句"憔悴支离为忆君"。这里的君，就是当时的皇帝唐高宗。唐高宗是唐太宗的儿子，唐太宗晚年卧病的时候，他曾经在父亲身边侍奉，因此和同样侍疾的武才人熟悉了起来，还发展出了一段不伦之恋。此后唐太宗病逝，武才人按照无子妃嫔的惯例被安排到感业寺当尼姑，两个人不仅在身份上天悬地隔，就算在地理空间上也被分隔开了。可是，武媚娘并不甘心面对青灯黄卷了此一生，她天天想着唐高宗，更盼望唐高宗能够想起她来，为此，她已经神魂颠倒，憔悴支离了。这不就是"看朱成碧思纷纷，憔悴支离为忆君"吗？第一句刻画形象，第二句直抒胸臆，走的都是深情路线，接下来呢？

接下来是第三、四句："不信比来长下泪，开箱验取石榴裙。"这两句其实是别开生面，在撒娇了。如果你不信我为了你常常流泪，你就看看我那一袭石榴红裙吧，那上面已经是斑斑点点，洒满泪痕了！当年娥皇、女英是泪洒竹林，此刻的武媚娘呢，却是泪洒红裙。竹林的气象是清冷的，石榴红裙却是那么热烈，那么诱惑。你来看呀，你难道看不到我滚烫的心吗？这是撒娇，也是情挑，当了半辈子乖孩子的唐高宗怎么受得了这样热辣辣的诱惑呢？武媚娘写这首诗的结果如何呢？结果大家都知道了，唐高宗很快就把武媚娘重新接回后宫。从此，武媚娘的人生一路开挂，从前朝不得宠的五品才人，一跃成为新朝母仪天下的皇后。可以说，正是这首《如意娘》开启了她的如意之旅。这就是武媚娘诗挑唐高宗。一首诗里，既有明确的战略目标，更有过人的胆略和才情，这种综合素质不正是她一生步步登高的真正理由吗！

再看第二个故事，武皇帝写诗催花开。这件事发生在武周天授二年，也就是 691 年。当时，武则天已经拿掉了两个儿子，顺理成章地改唐为周，当上了皇帝。可是，她这番作为有违儒家伦理道德，因此颇有一些大臣愤愤不平，甚至想要造反。怎么造反呢？根据南宋计有功《唐诗纪事》记载，恰逢腊八节的前一天，有高官向武则天谎报说，上林苑的花开了。隆冬开花，属于祥瑞，他们请武则天第二天去赏花，其实是在那里做了埋伏，想要劫持胁迫武则天。武则天是个多么睿智的政治家啊，她以二圣临朝的方式，辅佐唐高宗二十年，又以皇太后的身份训政六年，此时又当了一年皇帝，早已经是身经百战了，什么大风大浪没见过，她怎么可能看不透大臣们的小把戏呢？问题是，看透之后，怎么处理？武则天既没有当场揭穿，也没有召集大军防护，而是轻轻松松写了一首诗。这首诗的诗题叫作《腊日宣诏幸上苑》，诗云："明朝游上苑，火急报春知。花须连夜发，莫待晓风吹。"

什么意思呢？这其实是一个诗歌版的诏书。这个诏书宣布，腊日，也就是腊八节这一天，她要游幸上林苑，简称为上苑。这个诏书不是颁给任何官员的，而是颁给花神的，让花神赶紧提前做好准备。这就是开头的两句"明朝游上苑，火急报春知"。在这里，春的意思就是司春之神，也就是花神。《红楼梦》里，贾宝玉写《芙蓉女儿诔》的时候不是说过吗？一样花有一位神之外还有总花神，这春神其实就是总花神。既然颁布了诏令，肯定是对花神有要求，她的要求是什么呢？看后两句"花须连夜发，莫待晓风吹"。各色花朵必须连夜开放，如果有谁胆敢等第一缕晨风吹起的时候再开花，那就是违反诏令，要受惩罚了！这首诗写得没什么文采，明白如话，但是，真有威风。一般的皇帝给人下命令也就罢了，武则天倒好，直接给神仙下命令。而且，这命令还下得那么不讲情理，又那么不容置疑。别看此刻是隆冬时节，我让你开花你就得开花，而且是当天开花，如果等到第二天早晨再开，我就惩罚你！这管天管地的精神，谁能不敬畏有加呢！

那么，武皇帝写这首诗的效果如何？据说，第二天清晨，武则天率领着文武百官，前呼后拥，威风凛凛地临幸上林苑，果然看见上林苑百花齐放，万紫千红。大臣们都惊掉了下巴，觉得女皇也太厉害了，连上天都听她的，既然如此，自己又何必逆天而行呢？这样一来，不仅那些企图谋反的大臣不敢轻举妄动，还给那些立场摇摆的大臣上了一堂生动的政治课。可能读者朋友会奇怪，这隆冬开花的事情也太神奇了，她到底是怎么做到的呀？我想，如果这件事是真的，那么，武则天肯定用的是隋炀帝当年用过的老办法，就是剪彩为花，也就是在花枝上提前粘了一些假花。然后再大张旗鼓地过去视察，有皇帝在场，她说是真，当然就无人敢说是假，这和赵高当年指鹿为马是一个套路。当然，看到满园的假花盛开，那些企图谋反的大臣也就知道皇帝提前做好了准备，而且知道皇帝这是放他们一马，让他们从此收心，不要再打皇帝的主意。这和曹操灭袁绍之后，烧掉手下私通袁绍的信件是一个道理，属于收揽人心的一种方式。这也正是兵法里所讲的攻心为上，不战而屈人之兵。

当然，日后又有小说家云，当天百花盛开，只有牡丹花不为所动，坚持要按时令开放，武则天一怒之下，一把火烧了牡丹园，这就是洛阳名花焦骨牡丹的来历。如今大家到洛阳旅游，当地导游还会绘声绘色地讲这个故事。抛开焦骨牡丹这样的传说不谈，这件事也罢，这首诗也罢，是不是真的呢？很可能不是。因为这件事只记载在《唐诗纪事》里，在正史里毫无踪迹。但是，话又说回来，文学家们之所以能够替武则天创造出这样霸气的诗句，又给她编造出这样攻心为上的故事，就说明在人们的心中，武则天本来就具有这样管天管地的威风、举重若轻的能力和恩威并施的手段，而且，正因为如此，她才能成为顶天立地的一代女皇。换言之，这首诗也算是民间对她的一种加冕。

再看第三个故事，龙门赋诗夺锦袍。武则天的皇位稳固以后，国家也日趋繁荣，在这种情况下，她也就逐渐收起了一身的杀气，经常搞文化活动了。武则天聚集了不少文士，陪在她身边，随她出游，到处赋诗，还经常组织他们搞赛诗会。有一次，武则天游幸洛阳龙门的香山寺，就在香山寺前，让大臣赋诗记胜，而且事先讲明，诗先成者赐予锦袍。要知道，锦袍可是当时的高级时装，所以，大臣们不仅想讨个彩头，也真想获得这份重赏，于是都热情高涨，跃跃欲试。很快，一个叫东方虬的人写成了，三步两步跑到武则天的御坐前，把诗呈给武则天。他写的是什么呢？他的标题是《春雪》，诗云："春雪满空来，触处似花开。不知园里树，若个是真梅？"什么意思呢？春雪纷飞，犹如落花。不知道园子里的树上，盛开的到底是梅花，还是雪花？这首诗其实挺不错，把春天那种乍暖还寒，梅花与雪花交相辉映的特性写得生动活泼。武则天一看，觉得挺好，就亲自把锦袍披到了东方虬的身上，群臣自然是一片欢腾。

可是，东方虬披着锦袍，还没坐稳，有个叫宋之问的诗人也写好了，也把诗献给了武则天。武则天一看，这首《龙门应制》不得了。它不是像东方虬那样的五言绝句，而是一首歌行体长诗。全诗一共四十二句，二百八十六个字，体量比东方虬那首长了十好几倍。更重要的是，这首诗文理俱美。美在哪里呢？看最后四句就知道了。"先王定鼎山河固，宝命乘周万物新。吾皇不事瑶池乐，时雨来观农扈春。"什么意思呢？先王定鼎，山河永固，大周启运，万物维新。我们的皇帝不是为了享乐才来这里看风景的，她冒着春雨来游幸龙门，其实是为了看看农业的情况，她是时刻以百姓之心为心。这是什么？这就是颂圣，也是应制诗最重要的神韵。皇帝带着文士们赋诗，可不单单是为了玩，她还希望文士们能够随时随地捕捉到皇帝的闪光点，替她歌功颂德呢！如此说来，宋之问真是太擅长领会皇帝的意图了。在他的笔下，本来有点清冷的春雪变成了润物无声的春雨，这春雨不就是皇帝恩泽的写照吗！这样的诗，显然比东方虬的《春雪》立意高明了不少。

问题是，锦袍已经给东方虬了，怎么办呢？难道就因为这一两分钟的差距，就让宋之问屈居第二吗？这可不是武则天的风格。只见武则天从御坐上走下来，施施然走到东方虬身旁，一把就把他身上的锦袍揪了下来，披到了宋之问身上，群臣一看这场面，又是一片沸腾。皇帝确实老了，可是，她的精神还多么活泼，多么年轻啊，这样的皇帝谁会不喜欢呢！大家怎么看待这个故事呢？这其实就是武则天统治的另一面了。如果说"武媚娘诗挑唐高宗"反映的是武则天青年时代的风情，"武皇帝写诗催花开"反映的是武则天壮年时期的威风，那么，"龙门赋诗夺锦袍"反映的就是武则天晚年的风雅了。这三个特性综合到一起，恰恰就是武则天的过人之处。她不乏风情，这才能让她得到唐高宗的爱情，进而走出感业寺，走出青灯黄卷的既定命运，这是她人生的第一次飞跃。她不乏威风，这才能让她赢得群臣的敬畏，在严酷的政治环境下雄飞高举，君临天下，这是她人生的第二次飞跃。她也不乏风雅，这才能让她赢得文人的赞赏，也赢得文化保护者的身份。正是在她的倡导之下，唐朝形成了"五尺童子，耻不言文墨"的风气，我们由衷喜欢的唐诗，也正是在这样的风气之中成长、成熟的。能给中国文化留下这么美丽的一笔，这不也可以算作她人生的又一次飞跃吗！

　　所以，请大家更立体地看待武则天，也更立体地看待中国古代的政治女强人。这些人可能既不是古人所贬低的"牝鸡之晨，惟家之索"，也不是近代人拔高的妇女解放先驱，她们其实更像是经过生活层层打磨的钻石，每打磨出一个立面，就展现出一个立面的光芒，所有的柔光与强光汇聚到一起，才成就了她们夺人眼目的璀璨光华。

太平公主

公主当年欲占春，
故将台榭押城闉，

武则天是个开天辟地的人物。有了她率先垂范，唐代的宫廷女性开始前仆后继地追逐最高权力。她们的奋斗和挫折，共同构筑了一个华丽而又血腥的红妆时代。武则天的女儿太平公主就是这个红妆时代的核心人物，也是中国历史上最有权势的公主。

中国古代公主数量众多，为什么说太平公主最有权势呢？有两个因素至关重要。一个是出身高贵，一个是能量巨大。先说出身高贵。中国古代的公主一般得符合一个条件，那就是父亲是皇帝。当然，一般来说，也会有一个兄弟和一个侄子是皇帝，换言之，一个公主能够上下勾连起三位皇帝。但太平公主不一样。她的父亲唐高宗是皇帝，母亲武则天也是皇帝，她还有三个同胞哥哥当过皇帝，分别是唐中宗李显、唐睿宗李旦，以及死后追赠的孝敬皇帝李弘。另外，她还有两个侄子是皇帝，一个是唐殇帝李重茂，还有一个是唐玄宗李隆基。一个人竟然勾连起七位皇帝，这样的身份，当然显赫。再看能量巨大。太平公主谋划过两场政变，又死于一场政变。她谋划的那两场政变，先是让皇统从武周转到了李唐，接着又让李唐的皇统从中宗一系转到了睿宗一系，这可都是唐朝历史上鼎鼎重要的大关节。而置她于死地的那场政变，又捧出了唐朝历史上最著名的皇帝唐玄宗。想想看，一个公主，能够纵横周、唐两朝，手托中宗、睿宗、玄宗三任皇帝，这不就是能量巨大吗？这样波澜壮阔的一生，从何处说起呢？我觉得，可以用两首唐诗，把她的人生分成前后两段。第一段叫天真公主，第二段则叫政治公主。

先看天真公主。这一段涵盖了从她出生，到第一任丈夫去世这二十多年的时光。这一段的生活重点，可以用一首《太子纳妃太平公主出降》来概括。这首诗的作者就是她的父亲唐高宗李治，诗云："蝶舞袖香新，歌分落素尘。欢凝欢懿戚，庆叶庆初姻。暑阑炎气息，凉早吹疏频。方期六合泰，共赏万年春。"这首诗的主题是什么？其实就是太平公主大婚。太平公主出嫁，是在开耀元年（681）的七月，这一年，她年方十六七岁。古代公主出嫁属于下嫁，所以不叫"出嫁"，而是叫"出降"。唐高宗和武则天是一对爱热闹的父母，把太平公主出嫁和她的哥哥——当时的太子，后来的唐中宗李显——纳妃选在了同一天，一进一出，双喜临门，所以诗题叫作《太子纳妃太平公主出降》。这首诗是什么意思呢？先看"蝶舞袖香新，歌分落素尘"。这是在描写庆典的场面。宫女们舞袖飘香，引得蝴蝶也跟着翩翩起舞；歌姬们的歌声嘹亮，让天上的尘土都纷纷飘落。那么，这是什么好日子，为什么大家要载歌载舞呢？下两句自然衔接："欢凝欢懿戚，庆叶庆初姻。"原来，人们是因为又结了两门好亲戚才这样欢乐，也是因为太子纳妃和公主出降才这样庆贺。有这样的喜事，人自然是快乐的，那老天又如何呢？再看下两句："暑阑炎气息，凉早吹疏频。"原来，此刻已经是农历七月，夏末秋初，金风送爽，连老天都这么会凑趣。既然如此，皇帝也给这两对新人一点祝福吧，祝福什么呢？看最后两句："方期六合泰，共赏万年春。"希望天地东南西北六方都能祥和安泰，也希望两对新人和大唐的百姓一起，享受这万年不尽的好日子。诗自然说不上有多好，但情调却是喜气洋洋，落落大方，算是典型的皇家风范。自己写诗还不够，唐高宗还让大臣们都来唱和，《全唐诗》里，至今还保存着十首题名为《奉和太子纳妃太平公主出降》的诗，可见当时的盛况空前。

那么，我为什么要用这首诗来表现太平公主身为天真公主的快乐时光呢？因为当年的太平公主就是这么一个只长着恋爱脑的小姑娘。差不多就在婚礼之前的一年，有一天，唐高宗在宫中设宴，大会亲族。太平公主忽然身着紫袍，腰围玉带，头戴黑巾，来到父母面前。她深施一礼道："阿爷阿娘，我给你们跳个舞吧。"说罢，就跳了一支武舞，也就是表现战争的舞蹈，跳得英姿飒爽，神气活现。唐高宗和武则天一看女儿这俏皮的样子，哈哈大笑说："你一个女孩子家，又不是武将，干吗扮成这个样子？"太平公主马上回了一句："既然阿爷阿娘说我穿军装不合适，那就把这身行头赏赐给我的驸马吧。"听她这么一说，唐高宗夫妇才恍然大悟，不知不觉中，女儿已经长大了，少女怀春，她想要嫁人了。

千载之后，大家怎么评价太平公主自求驸马这件事呢？个人觉得，这其实就是她作为天真公主的最好证据。所谓天真，不就是想要就要，不管不顾吗？这里头固然不乏武则天在感业寺情挑唐高宗的泼辣，但是却没有武则天"看朱成碧思纷纷"的那份煎熬，很明显，小姑娘还没有经过生活的打磨，她的眼睛里只有玫瑰色的花儿朵朵开。而她的父母呢，又恰恰是整个大唐最有本事的两个人，面对如此纯真开朗的小女儿，他们有什么理由不纵着她，不满足她的全部心愿呢。

很快，他们就按照太平公主心目中驸马的样子，为她找到了合适人选。这个驸马名叫薛绍，出身于高门大族河东薛氏，又是唐高宗姐妹城阳公主的儿子，算是亲上做亲。看到这儿大家就明白了，电视剧《大明宫词》里，太平公主和薛绍因为观灯才认识是假的，他们俩的关系，恰恰就像《红楼梦》里的贾宝玉和林黛玉。这样门当户对、两小无猜的婚姻，岂不是比一见钟情更加可靠？驸马人选确定之后，再经过一番筹备，到开耀元年，也就是681年七月，两个人举行了盛大的婚礼。这可是唐朝历史上第一次超豪华婚礼。根据《新唐书·诸帝公主列传》记载，太平公主婚礼的礼堂，就设在了万年县的县衙。当时长安一共有两个直辖县，一个叫长安，一个叫万年。这样说来，万年县县衙有点类似于现在北京东城区的区政府。以京县县衙为礼堂，这规格已经够高了吧？可是，太平公主的婚车实在太豪华了，根本过不去。怎么办呢？唐高宗和武则天这对强人夫妇大手一挥，拆墙！硬是把县衙的围墙拆去一面，这才让婚车浩浩荡荡地开了进去。按照唐朝风俗，婚礼都是在晚上进行的，那时候没有路灯，唐高宗夫妇又命人点起火炬，从长安城北的大明宫一直到城南的万年县衙，一连串的火炬宛若一条火龙，把沿途的行道树都烤焦了。

一个只知道要驸马，要豪华婚礼的小公主，天真不天真？当然天真，天真得只能存在于岁月静好的太平盛世，却抵挡不了现实政治的翻云覆雨手。武则天的皇帝梦，当时已经在冉冉升起之中了。她要当皇帝，那就得改朝换代，这里面怎么容得下半点天真呢！垂拱四年（688），就在太平公主和薛绍共同生活了七年之后，武则天以谋反的罪名，把薛绍抓进监狱，活活饿死。此后不久，太平公主梅开二度，改嫁给武则天的侄子武攸暨。武攸暨和她是什么关系？其实还是表兄妹，只不过这个表兄妹，已经呼应着政治上的改唐为周，从父系换成了母系。这样的关系不是有点类似于《红楼梦》里的贾宝玉和薛宝钗吗？贾宝玉不喜欢薛宝钗，最终出家当了和尚。太平公主也不喜欢武攸暨。但是，她并没有遁入空门，而是摇身一变，成了一位政治公主。

怎样的政治公主呢？大文豪韩愈写过一首《游太平公主山庄》，最具气派："公主当年欲占春，故将台榭押城闉。欲知前面花多少，直到南山不属人。"什么意思呢？太平公主当年想要占尽春色，就把自己山庄的亭台楼阁修得高过了长安城。你要想知道山庄前面的花木还有多少，一直延伸到终南山也不属于他人。这首诗貌似平常，但以虚写实，似直而曲，特别耐人寻味。就拿第一句来说吧，"公主当年欲占春"，这是多么霸气的说法！你可以霸占土地，霸占人口，但是，哪一个人有本事霸占春光呢？可是，太平公主就有这份野心。这里有没有一点武则天"明朝游上苑，火急报春知"的感觉？同样是管天管地，这母女二人还真是一脉相承。那么，她到底霸占没有呢？看后两句就知道了："欲知前面花多少，直到南山不属人"。所谓南山，就是陕西的终南山，在长安城南五十里。想想看，从长安城一直延伸出五十里地都还是太平公主的地盘，这是何等逼人的气势！这样的公主，你还敢说她没有占尽春色吗！

读者朋友可能会好奇，她的这份泼天富贵是从哪里来的呢？一言以蔽之，是从她的政治成就里来的。唐朝公主的财富主要来自实封。所谓实封，就是朝廷划拨一些家庭给公主，这些家庭从此不再给国家缴纳赋税，而是把赋税交给公主。按照唐朝的规矩，每个公主食实封三百户，也就是享受三百户人家的供养。这样的财富，我们小民百姓自然是望尘莫及，但是，肯定远远达不到"直到南山不属人"的程度。问题是，太平公主并不是一般的公主，她并没有坐等国家供养；恰恰相反，她多谋善断，屡立大功，而每立一次大功，她的实封就涨一次。一起来看看太平公主实封的成长过程吧。第一步，太平公主按照母亲的意思，改嫁武攸暨，算是给武周政权缴纳了一份投名状。据说因为这次投诚，她的实封从三百户追加到一千二百户，这是一般公主的四倍。第二步，太平公主在武周时代非常活跃，不仅帮母亲干掉了到处惹是生非的面首冯小宝，还给母亲孝顺了一个新的小白脸——"莲花六郎"张昌宗，此后，又进一步帮母亲拿下了人神共愤的酷吏来俊臣。这些都是其他人难以完成的秘密任务，让武则天特别满意，又把她的实封提升到三千户，这就是一般公主的十倍了。第三步，武则天晚年，二张兄弟乱政，太平公主审时度势，协助三哥唐中宗发动神龙政变，杀死二张兄弟，逼武则天退位，让政权从武家重新回到了李家。这样一来，她的实封也从三千户提高到五千户，变成了一般公主的将近十七倍。第四步，唐中宗暴崩，当年跟她同一天出嫁的嫂子韦皇后想要效法武则天，改朝换代当女皇帝，太平公主又联合她的侄子，后来的唐玄宗李隆基发动唐隆政变，一举杀死韦皇后和安乐公主，随即逼迫庶出的侄子唐殇帝退位，让四哥唐睿宗坐上了皇帝的宝座。立此大功，她的实封又从五千户增长到一万户，这已经是一般公主的三十三倍多。从财政角度考虑，一万户到底是什么概念？要知道，当时唐朝一共才有六百一十五万户，其中，能够给国家提供赋税的不超过三百万户。太平公主实封一万户，等于一个人就占掉了国家财政收入的三百分之一。这还不够，她和薛绍所生的二男二女，和武攸暨所生的二男一女也都享受实封，赏赐给她的金银财宝更是不计其数。这样算下来，再看"欲知前面花多少，直到南山不属人"，就不会觉得夸张了吧？

可是，韩愈这首诗，难道是在夸赞太平公主的财富吗？却又不是。此诗妙就妙在以虚写实，似直而曲。那么偌大的家业，那么霸气的欲望，到底也抵不过"当年"二字。"公主当年欲占春"意味着什么？意味着"风流总被雨打风吹去"，再怎么豪横，也是当年的事了，而今时过境迁，当年"不属人"的花木早都归了别人，否则，身为普通官员的韩愈又怎么能够肆无忌惮地去游玩，去凭吊呢！

那么，太平公主的泼天富贵为什么不能维持长久呢？这奥妙就在第二句"故将台榭押城闉"里。所谓"城闉"就是城门，也可以泛指城郭。长安城的城郭是大唐王朝权力的象征，太平公主

167

却想让她的亭台楼阁去压那城郭一头，这不就是挑战皇权吗！看来，太平公主食髓知味，越来越不满足于仅仅增加财富，她像她的母亲武则天一样渴望着权力，逐渐触碰到了皇权的底线。怎么触碰的呢？此前提到，唐中宗死后，太平公主联合侄子李隆基发动政变，把唐睿宗推上了皇帝宝座。可是，唐睿宗心里清楚，这皇位不是他自己打下来的，他坐在上头，终究有点烫得慌。怎么办呢？武则天的儿女没有一个不聪明，为了保住自己的位置，唐睿宗就在太平公主和李隆基之间搞起了平衡，无论哪个大臣来找他汇报工作，他都要问两个问题："尝与太平议否？""与三郎议否？"貌似对这两大功臣充分尊重，不分伯仲，其实是让他们相互牵制，他坐收渔翁之利。在这种情况下，太平公主应该怎么办？最妥当的办法，其实是一边敷衍，一边后退，直至彻底抽身。毕竟，唐睿宗不可能永远活着，而皇位之间的父子相传也不容置疑。唐睿宗此刻利用她来搞平衡，不过是眷恋权力，不肯过早退出政治舞台罢了，难道还能传位给她不成？可是，太平公主毕竟是武则天的女儿，她看到过武则天的成功，也品尝过权力的滋味。她放不下。放不下又如何呢？她非但不后退，反倒利用唐睿宗的矛盾心理，步步为营。直到唐睿宗退位当了太上皇，李隆基接班当了皇帝，太平公主仍然不放手，不停地扩大势力，拉拢大臣，一直搞到七位宰相五出其门的程度。这意味着什么？意味着她已经触碰到了皇权的底线，就差改朝换代了。在这种情况下，李隆基挟皇权之威，再次政变，杀死亲姑姑太平公主，不也就是应有之义了吗！到这一步，太平公主也就走完了政治公主的最后一段旅途，只留下一个豪横的传说，供人凭吊。

可能有的读者朋友会疑惑，你到底想说明什么？难道是想说女人婚姻不幸才会投身政治？还是想说，女人从政本来就是歧途？都不是。我想说的是，唐朝也罢，中国古代的任何朝代也罢，给公主设定的空间就只有那么大。身为公主，可以选择在家从父，出嫁从夫，只谈风月，不谈风云，这其实不过是普通妇女生活的高配版，太平公主早年享受的，就是这样的生活，这也是历史上绝大多数公主的生活方式。当然，身处高层政治中心，公主也有可能被卷入政治旋涡，在半梦半醒中走上政治舞台。太平公主后来走的，就是这条道路。事实上，不光是太平公主，我们此前写过的平阳公主带兵，文成公主和亲，走的也是这条道路。这条道路，貌似让公主走出了家门，但究其实质，她们还是在为家族效力，为父系家长效力。而只要她们还在效力，她们就是世所公认的好公主。可是，太平公主又往前走了一步，她想抛开这个父系家族，为自己效力。换言之，她想做女皇，而不是公主。就是这一步让她从人生巅峰跌下了万丈深渊。因为这一步可不是一小步，这是历史的一大步，她那个时代根本承受不了这样大的步伐，那个时代还根本没有妇女独立的大前提。太平公主的追求不具有历史的正当性，她的失败也就不可避免。但是，不具有历史正当性并不意味着不具有价值正当性，时至今日，我们已然发现，越来越多的女性正走在太平公主试探过的那条路上，而今，那条路不叫皇权，而叫平权。

杨贵妃

　　唐朝贡献了两位在中国最具知名度的女性。一位是最有权势的女皇武则天，还有一位，就是最迷人的美女杨贵妃。

　　杨贵妃的故事在中国流传很广，大多数中国人都知道，她是个肌肤丰艳的胖美人，她先是嫁给了唐玄宗的儿子寿王李瑁[1]，然后才被唐玄宗父纳子妻，据为己有。因为她的专宠，娘家人都跟着鸡犬升天，她的堂兄杨国忠更是一路当到了宰相。然而，乐极生悲，安史之乱突然爆发，杨贵妃暴死在马嵬坡前，大唐的开元天宝盛世也随之戛然而止。本文不想再描述

---

[1] 关于寿王的名字，史学上一直存有争议。《旧唐书》记载为李瑁，欧阳修则认为应是李瑁。根据后来发现的寿王女儿阳城县主李应玄墓志（拓本刊《长安新出墓志》），应为李瑁。——编者注

她人生中的这些大关节、硬指标，而是要跟大家分享另外两个话题：第一，杨贵妃生前为什么能得到唐玄宗的宠爱？第二，杨贵妃死后，为什么又能得到历代老百姓的同情？

杨贵妃为什么能得唐玄宗的宠爱？一个最通俗的理由，就是她长得美。诗仙李白曾经写过三首《清平调》，专门夸赞她的风采。就拿流传最广的第一首来说吧："云想衣裳花想容，春风拂槛露华浓。若非群玉山头见，会向瑶台月下逢。"什么是"云想衣裳花想容"？看见云彩，就想起你飘动的衣裳；看见牡丹，就想起你娇艳的脸庞。衣袂如云，美人如花这样的比喻早就用烂了，诗仙却另辟蹊径，既不说人像物，也不说物像人，而是说看见那最美好的风景，就能联想到那最美好的你，这是多么新奇，多么富有感染力的说法呀！那"春风拂槛露华浓"呢？所谓春风，既可以指自然的春风，也可以指皇帝的恩宠，因此，这句诗既可以理解为在春风的吹拂之下，带着露水的牡丹随风摇曳，尽展芳华；也可以理解为贵妃在皇帝的恩宠下绽放青春，展现出迷人的风采。这就叫人花一体，一语双关。这句诗还启发了后世的翻译家，当年，美妆品牌 Revlon 进入中国，被翻译成"露华浓"，真是神来之笔。接下来呢？"若非群玉山头见，会向瑶台月下逢。"群玉山和瑶台，都是西王母居住的地方，也就是女神的世界。这样美艳的妃子到哪里找呢？应该不是在群玉山，就是在瑶台吧？这其实是把杨贵妃比作了神仙姐姐，说她超凡脱俗，惊为天人。

这首诗写得辞藻华丽，气象高华，当然体现了诗仙的水准。不过，这毕竟是唐玄宗点名让李白唱赞歌，所以难免带点应制诗的空洞，写得比较抽象，我们看完了，还是不大明白杨贵妃到底是哪一种美。其实，美本来就是一个见仁见智的话题，普天之下，并没有一个统一的审美标准。个人觉得，唐玄宗喜欢杨贵妃，不是笼统地因为她美，而是因为她有一种特别的天真之美，艺术家之美。

什么叫天真之美？说白了，就是她只想玩乐，不想政治。此前谈到过，皇后也好，妃子也好，不仅是皇帝的伴侣，更是个重要的政治身份。所有成熟的后妃都应当明白国家大事，而且，还得用自己的实际行动来影响国家政治，比如长孙皇后，听说唐太宗要杀魏徵，就要穿上华服，祝贺唐太宗君明臣直，敦促唐太宗纳谏；再比如班婕妤，知道皇帝要专门制作双人座的豪车，和她一起游玩，就要拒绝皇帝，还要提醒他多和大臣交流，不要整天在后宫瞎混。可是杨贵妃不一样。皇帝要办晚会，她就兴致勃勃地弹琵琶、跳舞；皇帝和亲王下棋，她虽然棋艺不精，但也重在参与，一旦看到皇帝要输了，她还要把怀里的狮子狗放到棋盘上搅局，哄皇帝开心；甚至，就连皇帝生气了，她也不是脱簪待罪，而是比皇帝翻脸还快，气得唐玄宗两次把她送回娘家，却又舍不得，放不下，还得两次再把她接回来。接回来之后呢？白居易《长恨歌》说得最好："承欢侍宴无闲暇，春从春游夜专夜。"接回来之后，她还是玩，而且玩得更欢快了。她从来没思虑过政治，也没干预过政治。就连她的堂兄杨国忠当宰相，也不是因为她施加了什么影响力，而恰恰是因为她和唐玄宗一起玩樗蒲，杨国忠在旁边算输赢，账目算得又快又好，这才引起了唐玄宗的兴趣，让他从财政官员做起，一路做到了宰相。在这个过程中，杨贵妃既没有像历史上有些皇后那样拼命提拔外戚，也没有像独孤皇后、长孙皇后那样自觉抑制外戚，她只是顺其自然而已。这是不是天真？当然是。所谓天真，就是心地单纯，率性而为，这种不成熟的状态，其实并不符合后妃的身份，但它恰恰是一种青春的诱惑，让人，特别是已经过于成熟的中老年男性心动不已。

什么又叫艺术家之美呢？就是她并非傻玩，而是能玩出花样，玩出水平。一个妃子，如果只仗着傻白甜来吸引人，那么，这种吸引力维持不了多久。但是，杨贵妃盛宠十多年，马嵬之变的时候已经三十八岁，依然能够让唐玄宗全心全意，倚仗的就不只是天真的诱惑了。事实上，杨贵妃是一个能让人找到精神共鸣，拔高精神层次的人，因为她是一个不折不扣的艺术家。除了众所周知的《霓裳羽衣舞》之外，杨贵妃弹琵琶更是宫廷一绝，差不多的贵妇都在她手下受过训练，自称贵妃琵琶弟子。除此之外，杨贵妃的艺术鉴赏力也非同寻常。《太平广记》记载了这样一个故事。杨贵妃手下有一个舞姬叫张云容，跟杨贵妃学会了跳《霓裳羽衣舞》，而且跳得婀娜多姿，特别动人。杨贵妃专门为她写了一首诗，就叫《阿那曲》，后来收录到《全唐诗》里，改名为《赠张云容舞》。诗云："罗袖动香香不已，红蕖袅袅秋烟里。轻云岭上乍摇风，嫩柳池边初拂水。"你的衣袖舞动掀起香风，飘荡不已。你的身姿是那么亭亭玉立，像一枝红莲摇曳在秋天的水雾里。你的娇躯舞动，像轻云刚刚被一阵柔风吹出山谷，又像是柳条被清风拂动，划破了池水，荡起了涟漪。这首诗水平如何呢？客观说来，并没有那么好，因为它只讲姿态，不讲感情，做不到情景交融，在佳作迭出的唐诗中排不上名次。但是，她描摹舞姬的姿态动作，却非常传神。一句"罗袖动香香不已"，就让我们知道，这是一支慢舞，舞蹈的动作一定不大，甚至好像是静止的；但其实，那舞姬的衣袖却一直在轻轻抖动，否则，又怎么会有那一阵阵香风飘荡不已呢？这就是行家看行家，行家说行家，只有真正懂舞蹈的人，才能把舞姿写得那么曼妙，而且自然而然地，对舞蹈者流露出那么一种我见犹怜的欣赏。这种"我见犹怜"的感觉，不也正是唐玄宗看杨贵妃的心情吗？唐玄宗本身就是一位高明的艺术家，他在杨贵妃身上看到了艺术家的天分，找到了知己之感。

我为什么要强调这两点呢？其实是想说，杨贵妃作为四大美人之一，是否真的美出天际并不重要，重要的是，她的这种天真之美和艺术家之美太符合唐玄宗晚年的心境了。唐玄宗最爱的女人，前后换了三个。第一个是结发妻子王皇后。当年，唐隆政变，生死存亡之际，出身武将家庭的王皇后曾经亲自参与谋划，他爱王皇后的刚劲之美。第二个是武则天的侄孙女武惠妃。开元盛世时代，头脑清醒的武惠妃为他出谋划策，他也爱武惠妃的智慧之美。这两位皇后，一个尚武，一个崇文；一个创业，一个守成，都曾经是他的重要帮手。可是，到开元末期乃至天宝时代，唐玄宗功成名就，已经不思进取，只愿享乐了，这时候，他寻找的也就不再是政治帮手，而是享乐伙伴了。谁是这样的伙伴呢？当然是杨贵妃，她脑子里只想着玩，又能玩出花样来，这样的人让老皇帝没有心理负担，而且有精神追求。甚至，连她那丰满艳丽的体态，都让年过花甲的老皇帝感受到了青春的朝气，他怎么可能不喜欢她呢？

有一年八月，太液池里千朵白莲怒放，唐玄宗带着王公贵戚都来赏莲。那些人都啧啧称赞说，没有比这更美的花了。这时候，

蒙曼
女性诗词课
哲妇

唐玄宗微微一笑，指着杨贵妃对左右说："争如我解语花？"什么花能比得上我这朵会说话的花呢？这就是"解语花"的来历。唐玄宗不是擅长谱曲吗？他把自己谱的一首曲子命名为《得宝子》，还对旁人解释说："朕得杨贵妃，如得至宝也。"从这"解语花"和《得宝子》，我们就能品出大唐盛世的动人之处来了，历史上得宠的后妃也不少，又有几个能够得到皇帝如此直白、如此甜蜜而又如此率真的赞美呢！

然而，如此迷人的贵妃，如此动人的爱情毕竟被安史之乱撞了个粉碎。安史之乱不仅仅是大唐王朝的转折点，也是整个中国古代社会的转折点。此后的王朝，也曾疆域辽阔，也曾经济活跃，但是，若论整体影响力，却再也没能恢复到大唐盛世的局面。本来，担负着让一个王朝败落的骂名，就已经足够被人称作"祸水"了，更何况是撬动了整个古代社会由盛转衰的关键！杨贵妃无疑是经典意义上的"红颜祸水"，然而，神奇的是，一说到杨贵妃，大家率先想起的却不是"祸水"，而是"七月七日长生殿，夜半无人私语时"，是"天长地久有时尽，此恨绵绵无绝期"。相比褒姒、妲己这一类"前辈"，为什么杨贵妃会更得历代老百姓的同情呢？我想，有两个原因至关重要。第一，人们太留恋开元天宝盛世了。第二，白居易太会写诗了。

开元盛世是什么？那是中国人心中永远的一个梦。这个梦并不是从现在做起的，事实上，自从安史之乱爆发，大唐从盛世的巅峰跌落下来以后，人们就开始对开元盛世充满浪漫幻想了。伟大的诗圣杜甫有一首《忆昔》，最能代表那个时代的评价："忆昔开元全盛日，小邑犹藏万家室。稻米流脂粟米白，公私仓廪俱丰实。九州道路无豺虎，远行不劳吉日出。齐纨鲁缟车班班，男耕女桑不相失。"什么意思呢？想当年开元盛世，任意一个小城市都有万户人家。南方的稻米和北方的粟米都喜获丰收，粮食装满了公家和私人的粮仓。天下太平，道路上再无寇盗，即使是出门远行，也不必特意挑选什么黄道吉日。川流不息的大车小车把精美绝伦的齐纨鲁缟贩运到全国各地，老百姓们男耕女桑，各安其业。诗中描述的景象多美好啊，简直就像是桃花源。这当然不完全是真的，就算是开元盛世，也照样有贪官污吏，有怀才不遇，有流离失所。但是，离开这个时代越久，人们就越怀念它，也就在内心里把它描绘得越美好，越神奇。这么神奇的高光时刻，由谁来做形象代言人呢？有两个人脱颖而出了。男的是李太白，女的就是杨贵妃。李白为什么能入选？"李白一斗诗百篇，长安市上酒家眠。天子呼来不上船，自称臣是酒中仙。"这么自由傲岸，不正象征着开元盛世的精神高度吗？杨贵妃为什么能入选？"云想衣裳花想容，春风拂槛露华浓。若非群玉山头见，会向瑶台月下逢。"这么风华绝代，不正象征着开元盛世的雍容华贵吗！其实，无论是李太白还是杨贵妃，大放异彩的年代都主要在天宝，而不在开元，但是，人们还是愿意把他们和开元盛世联系在一起，觉得他们就代表着那个时代的锦天绣地，满目俊才。既然人们不愿意否认这样一个黄金时代，又怎么会忍心否认这个时代的形象代言人呢？这样一来，我们就会自觉不自觉地修正自己的记忆，虽然杨贵妃身上同时存在着优秀的艺术家和不合格的妃嫔两种形象，但我们总是更愿意想起霓裳羽衣舞，而不是"从此君王不早朝"。这不就和我们回忆少年时代，总觉得每天都是阳光灿烂的日子一样吗？

再看第二个理由，白居易太会写诗了。我们现在一说起杨贵妃，首先想到的就是《长恨歌》。白居易为什么要写长恨歌？根据陈鸿的《长恨歌传》，他本来是有一个"惩尤物，窒乱阶"的大主题。所谓"惩尤物，窒乱阶"，就是让人们以史为鉴，警惕红颜祸水。白居易的文艺主张一直是希望文以载道，希望文学能够为现实服务。写一首有教育意义的诗篇，应该也算是白居易的愿心。可是，白居易毕竟是个诗人，而唐代的诗人都是深于情的。写着写着，他就忘了愿心，回到本心了，于是，唐玄宗与杨贵妃那卿卿我我的爱情就渗透进去了，两个人生离死别的悲情也渗透进去了，甚至，唐玄宗在人间"上穷碧落下黄泉，两处茫茫皆不见"的苦苦追寻，杨贵妃在天上"玉容寂寞泪阑干，梨花一枝春带雨"的恋恋不舍也都渗透进去了，最后，人们印象最深的已经不是"渔阳鼙鼓动地来，惊破霓裳羽衣曲"的变乱，而是"在天愿作比翼鸟，在地愿为连理枝"的深情。这深情是属于唐玄宗和杨贵妃的，但它也可以属于刘兰芝和焦仲卿，属于陆游和唐婉，属于人世间所有两情相悦的甜蜜爱人，也属于人世间所有爱而不得，或者得而不久的苦恼人生。这样一来，人们再看《长恨歌》，看杨贵妃的故事，就会不由自主地把自身的感情和人生经验都带入进去，而一旦带入深厚的情感，也就恨不起杨贵妃来了。不仅恨不起来，反倒是对她充满了同情。甚至，后人还根据《长恨歌》中"忽闻海上有仙山，山在虚无缥缈间"的诗句，幻想着杨贵妃渡过了马嵬之变的难关，辗转到了日本。这哪里是事实，这分明就是情感的力量啊！所以说，白居易太会写诗了，他不仅懂得技巧，更懂得人心。他把杨贵妃塑造成了一个摇摆的形象，她明明是危险的，可是，她又实实在在地吸引着你。

　　说起来，杨贵妃真是一个生错了年代，也生错了环境的女子。她没有长孙皇后那种"林下何须远借问，出众风流旧有名"的自信自觉，也没有上官婉儿那种"自言才艺是天真，不服丈夫胜妇人"的骄傲倔强。如果生在民间，她本来可以成为一个撒娇发嗲的小家碧玉；如果生在今天，她也可以成为一个才华横溢的优秀艺人。她只要美就够了，她就不该成为一个政治人物。可是，话又说回来，如果她没有身处大唐盛世这个大时代，没有参与到波诡云谲的政治变动中，她在历史上也就不会留下名字，留下波澜起伏的生活轨迹，留下感天动地的爱情传奇。这可能就是历史的残酷，同时也是历史的慈悲吧。

第四章

宋元融合

威风万里压南邦，
东去能翻鸭绿江

萧太后

　　我们中国的历史是由各民族共同书写的。历史进入北宋，也进入了和北宋并立、对峙的辽朝。辽朝建国比宋朝还早好几十年，所以，说到宋辽时代的女性，我们先从辽朝讲起。本篇的主人公，是大名鼎鼎的辽朝萧太后。

　　辽朝有一个很有意思的现象，即几乎所有的太后都姓萧。个中缘故，还得从契丹的开国皇帝耶律阿保机说起。本来，契丹民族并没有姓氏。但是到耶律阿保机统一契丹之后，受南边中原王朝的影响，觉得应该有姓氏了。到底姓什么呢？耶律阿保机最仰慕汉高祖刘邦，又最欣赏帮刘邦打天下的宰相萧何。于是他规定，从此之后，皇族都姓刘，后族都姓萧。这样一来，一直跟耶律家族通婚的几大家族就都改姓了萧。从辽国建国到灭亡，除了辽世宗的皇后是从后唐抢来的汉人,姓甄之外,其余的皇后都是契丹人,且有十八位姓萧。既然如此,我要跟大家分享哪一位萧太后的故事呢?

我写的不是一位萧太后,而是三位对辽朝历史产生重大影响的萧太后。第一位是辽太祖耶律阿保机的皇后述律平,改姓之后,应该叫萧平。第二位是跟杨家将打仗,也跟宋真宗签订澶渊之盟的辽景宗皇后萧绰。第三位是辽道宗的皇后,号称"女中才子"的萧观音。这三位皇后,也恰恰代表着辽朝的兴起、强盛和衰亡。

先看第一位萧太后述律平。这位萧太后是辽太祖耶律阿保机最重要的帮手,她还有一个著名的称号,叫"断腕太后"。怎么回事呢?耶律阿保机是一位雄才大略的君主,一举统一了契丹各部落,又亲征突厥、党项、吐谷浑、渤海等周边政权,建立了一个强大的契丹国。但是,到天显元年(926),他当皇帝十一年之后去世了,儿子耶律德光接班,这可是新生的契丹政权最不稳定的时刻。因为契丹才刚刚完成从贵族制向皇权政治的转化,贵族的势力还很强大。有耶律阿保机这样一位强人在,他们还稍稍服气一些,此刻阿保机死了,孤儿寡妇威望不够,这帮功臣贵族马上就蠢蠢欲动了。搞不好,创建未久的国家就要重新分崩离析。怎么办呢?

这时候,述律平出马了。她召集了国中一些大贵族的夫人,对她们说:"我现在做了寡妇,你们也应该效法我。"大家一听都觉得莫名其妙,心想,别的先进事迹都可以学习,做寡妇怎么学习呢?述律平也不解释,接着就召见那些最强势的贵族,把他们带到阿保机的陵前,哭得肝肠寸断。这些贵族自然也陪着她落泪。哭完了,述律平问这些贵族:"你们想念先帝吗?"那些贵族纷纷回答道："我们受先帝大恩，怎么可能不想念呢？"述律平说："既然如此，你们就下去陪他吧。"话音一落，安排好的刀斧手走了上来，一大批贵族措手不及，就这么糊里糊涂地殉了葬。

有了这一次，就有花样翻新的第二次、第三次。有一天，她又要打发看不顺眼的官员去找先帝，却不料碰上了一个硬茬。这硬茬是个汉人，名叫赵思温。此人很早就投降耶律阿保机，在阿保机的手下担任汉军都团练使，带领汉军浴血奋战，立下汗马功劳。身为汉人，他本来并不想介入契丹内部的争斗，但是，述律平还是觉得他有威胁，也让他去"侍奉先帝"。赵思温是个聪明人，不吃这一套。他说："跟先帝最亲近的人应该是太后您呀，您若是下去侍奉先帝，我就跟您一起去。"这一招厉害吧？等于把述律平逼上了绝路。你的权力都来源于先帝，你如果不愿意去侍奉先帝，那么，你的权力合法性就没有了，大臣也就不必再服从你；可是，你如果愿意去陪伴先帝，那么，你的命就没有了。被将了一军，述律平怎么办呢？她一分钟都没有犹豫，直接拿出一把刀来，朗声说道："我也想下去侍奉先帝，只是皇子还小，还需要我扶持。我暂时去不了，就让这只手替我先去陪伴先帝吧。"说完，手起刀落，把自己的右手齐着手腕砍了下来，直接抛在了朝堂之上。这可是货真价实的壮士断腕，一下就把大臣震慑到了。俗话说得好，横的怕愣的，愣的怕不要命的。述律平发起狠来，连命都不要，谁还敢挑战她呢！就这样，述律平基本消灭了可能挑战皇权的贵族，让契丹政权稳定下来。当然，她也就此后退了一步，此后再也没有让大臣去给先帝殉葬。

为什么要给大家讲述律平的故事呢？其实是想说，契丹建国，真有一种无所畏惧的狠劲。这其实就是唐史大师陈寅恪先生所说的"野蛮精悍之血"。正是靠这种野蛮精悍的劲头，契丹才能从一个东北的小部族，发展成一个横跨几千里的大政权。

再看第二位萧太后，此人大名萧绰，小名叫萧燕燕，是辽景宗的妻子，辽圣宗的母亲，她也是我们最熟悉的萧太后。因为她跟杨家将打过仗，又跟宋真宗签订了澶渊之盟，在很大程度上改写了北宋乃至中国的历史。

这位萧太后怎么样呢？如果只看杨家将的故事，你会认为她既狠又蠢。但是，如果你放下民间故事，再去看看历史书，就会发现，这位萧太后既不狠，也不蠢，她几乎就是辽朝的武则天。当年，武则天之所以能够参政，是因为她的丈夫唐高宗长期生病，辽朝这位萧绰也是如此。她的丈夫辽景宗一直是个病秧子，萧绰差不多从十七八岁就开始参决朝政。到她二十九岁的时候，辽景宗一病不起，临终遗诏让十一岁的儿子耶律隆绪继位，军国大事听皇后命令。这不就和唐高宗在遗诏中垂训大臣，"军国大事有不决者，兼取天后进止"是一个道理吗？不过，辽景宗除了让萧绰决定军国大事，还给辽圣宗安排了两位顾命大臣，一位是契丹人耶律斜轸，另一位则是汉人韩德让。这两位顾命大臣的能力当然不容置疑，但是，主少国疑，怎样才能保证他们的忠诚呢？萧绰先使了一招苦肉计。她在两位大臣面前涕泪交流，对他们诉苦："现在咱们大辽宗族强盛，边境也不安宁，真是内外交困。皇帝那么小，我又是一个寡妇，以后该怎么办啊？"两位顾命大臣面面相觑，平时那么强势的皇太后居然也有如此柔弱的一面，真是令人恻隐之心爆棚。他们当即表示："我们一定赴汤蹈火，在所不辞！"

　　两位大臣都表态了，可是，萧太后还是觉得不踏实。怎么才能真正拴牢他们的心呢？其中，耶律斜轸娶了萧太后的侄女，算是多了一重保障。萧太后就把主攻方向放在了韩德让身上。她对韩德让说："当年，我爸爸曾经想把我嫁给你，谁知后来进了宫，也就错过了这桩姻缘。可是我心里还是忘不了你。现在皇帝也死了，从此以后，你就是我儿子的爸爸了！"这已经不是托付江山，而是连自己都托付给韩德让了！韩德让大为感动，牢牢地接过了这份重托，从此死心塌地，替萧太后出谋划策。而萧太后也让韩德让住进了自己的大帐之中，跟自己同案而食，并排而坐，同帐而卧，哪怕面对北宋的使臣都不避讳。

　　当时还是北宋第二任皇帝宋太宗时期，听谍报人员汇报这件事，他觉得机会来了。五代时期，石敬瑭为了当皇帝，把燕云十六州割让给了辽朝，这燕云十六州的辖境范围从如今河北北部、北京一直延伸到山西和内蒙古自治区，是一片战略要地。只要这片土地在辽朝手里，他们进入北宋就会势如破竹。这可是北宋的心腹大患，宋太祖也罢，宋太宗也罢，都非常想把它收回来，但是又一直没有机会。现在，辽朝主少国疑，本来就是最虚弱的时候，而他们的国母又如此淫乱，宋太宗觉得，辽朝的宗室也罢，大臣也罢，乃至老百姓也罢，肯定对她恨之入骨。如果自己在这个时候发兵北伐，辽朝定会是一败涂地！就这样，宋太宗下令，分三路大军北伐，其中，西路大军的副统帅就是杨业，也就是民间所说的杨老令公杨继业。

　　那么，这次声势浩大的北伐结果如何呢？非常遗憾，宋太宗完全错判了形势。辽朝人的道德观念和宋朝不一样，他们并没有觉得萧太后喜欢韩德让有什么大问题。相反，萧太后还带着韩德让以及小皇帝御驾亲征，把宋朝的三路大军打得落花流水。我们熟悉的杨老令公就是在这次战争中身负重伤，绝食而死的。本来，在此之前，宋朝挟南征北战、统一中原之余威，对辽国一直采取攻势；但是，这次北伐失败之后，双方的关系就变了，宋朝转为守势，辽朝则转为攻势。到宋朝第三任皇帝宋真宗时期，萧太后甚至带着小皇帝辽圣宗一路打到黄河北岸的澶州，也就是今天河南濮阳，让北宋朝野一片惊慌，甚至连宋真宗都被迫亲临前线，鼓励将士誓死抵抗。

不过，萧太后虽然能征善战，却并非只会打仗的战争狂魔。她懂得什么时候发动战争，也懂得什么时候让战争停下来。就在这次澶渊之战后，她审时度势，跟宋真宗签订澶渊之盟，双方的关系稳定下来，辽朝和北宋也因此双双进入自身的盛世。也就是说，萧太后既缔造了辽朝的盛世，同时，也参与成就了北宋的盛世，这是多么值得骄傲的业绩！澶渊之盟签订四年后，萧太后去世，和辽景宗一起埋葬在乾陵之中，而韩德让也陪葬在萧太后身边，成为整个辽朝陪葬帝陵的唯一一位汉人大臣。此前我不是把萧太后比作辽朝的武则天吗？这两个人不仅能力相似，际遇相似，甚至连陵号都一样，都叫乾陵。虽然萧绰没有当过皇帝，但是她在辽朝参政、执政四十余年，既没有辜负辽景宗托付给她的江山，也没有辜负韩德让奉献给她的爱情，也是一位允文允武、有情有义的女中豪杰。而这，也正代表了辽朝最强盛时代的潇洒风度。

再来看第三位萧太后，萧观音。此人是辽道宗耶律洪基的皇后。萧观音生活的时代，已经是辽后期了。辽朝的汉化程度越来越深，所以，萧观音受到的教育也非常完备，按照史书记载，她工诗，能书，会自制歌词，还擅弹琵琶。这种种才艺几乎已经和北宋的贵族女子并无差别了。她的夫君辽道宗也是一位文化水平非常高的皇帝，此人非常仰慕汉文化，听说大宋仁宗皇帝去世，他面朝南方号啕大哭，给辽宋双方交往的历史留下了最动人的一幕。不仅如此，辽道宗还给自己铸了两尊佛像，上面铭刻着"愿后世生中国"，对中原文化的孺慕之情溢于言表。如此文质彬彬的皇帝和皇后，本来应该情投意合吧？最初确实如此。

辽道宗是一个融合了汉和契丹两种文化特点的人。他除了喜欢诗文，还喜欢打猎。萧观音也和他一样，能文能武。早年的时候，二人经常一起打猎。有一次，二人到伏虎林，也就是今天内蒙古的巴林右旗打猎，忽然想起先辈的一个典故来。什么典故呢？当年，辽景宗也曾经到这里打猎，有一只猛虎慑于皇帝的天威，居然伏在草丛中瑟瑟发抖，从此这里就改名叫伏虎林。辽道宗想起祖宗的功业，就对萧观音说，皇后既然能诗，何不就这个主题赋诗一首？萧观音略一思索，当即口占一绝，题为《伏虎林应制》。诗云："威风万里压南邦，东去能翻鸭绿江。灵怪大千俱破胆，那叫猛虎不投降。"什么意思呢？皇帝威风万里，向南能够压倒文质彬彬的宋朝，向东则能掀翻波涛滚滚的鸭绿江。大千世界的妖魔鬼怪都被皇帝吓破肝胆，区区一只猛虎，又怎么可能不投降！这首诗的风格，是不是相当能够体现契丹女性的气派？诗句可能不够精美雅致，却桀骜刚猛，气吞山河，真有汉高祖刘邦《大风歌》的气派。正因为如此，她才被自己的夫君誉为"女中才子"。想想看，这称号是不是比唐玄宗送给杨贵妃的"解语花"更加大方尊贵？

可是，好梦不长。辽道宗太喜欢打猎了，为了能够尽情打猎，他干脆把朝政交给大臣耶律乙辛，耶律乙辛也因此权倾朝野。而萧观音不仅是个才女，更是一个有政治责任感的好皇后，她经常劝谏辽道宗，不要田猎无度。可是，辽道宗就像大多数皇帝那样，只喜欢听好话，不喜欢听坏话。萧观音劝得多了，辽道宗就对她冷淡下来。写诗的女子总是感性的，眼看辽道宗对自己越发冷淡，萧观音也非常难过。她不是会自制歌词吗？就写下十首《回心院》，表达自己的悔过之情，希望重回辽道宗身边。可是，辽道宗已经不见她了，她这番心意怎样才能让辽道宗知道呢？当时，辽朝有一位宫廷乐师名叫赵惟一，弹得一手好琵琶，而且擅长谱曲。萧观音就把赵惟一招到身边，让他给自己的歌词谱曲，还跟他对弹琵琶，打算练好了，再弹唱给皇帝听。这本来是一番和好之意，可是，萧观音没想清楚，作为一个失宠的皇后，和伶人私自交往是犯忌讳的。这忌讳有多严重呢？如果是重视"严男女之大防"的汉人政权，当然会更在意一些，不过，辽朝毕竟是少数民族政权，礼教本来没有那么森严。所以，这个不妥当的程度其实是可轻可重。

然而不幸的是，这件事被人利用了。谁呢？就是权臣耶律乙辛。萧观音劝皇帝不要把朝政交给他，早就令他恨之入骨。此刻发觉萧观音犯了这么一个错误，他立刻行动起来了。耶律乙辛让人写了一组诗，都是五言绝句，分别吟咏女人的头发、面颊、脖子，乃至舌头、乳房等十个部位，写得特别香艳，而且每一首都以香字结尾，所以就叫《十香词》。写好之后，他派一个宫女拿给萧观音看，谎称这是宋朝皇后所写，撺掇萧观音手书一份，让两朝

190

皇后的作品珠联璧合，这多有趣！说起来，辽朝真是仰慕宋朝的文化，萧观音又是个天真的人，她并没有多想，就真的抄了一份。可以想象，这样的一份手稿如果流传出去，确实显得皇后不够端庄娴雅，但也算不上大错，不会引起太严重的后果。问题是，这《十香词》本来就是耶律乙辛陷害萧观音的武器，他怎么可能让它只发挥那么一点作用呢？

很快，耶律乙辛就拿着这份手写的《十香词》去觐见辽道宗，而且，随同这份手稿一起奉上的，还有一首《怀古》诗。"宫中只数赵家妆，败雨残云误汉王。惟有知情一片月，曾窥飞燕入昭阳。"什么意思呢？宫里的人都只数落赵飞燕新奇的梳妆，说她本来是残花败柳，却诱惑了大汉的皇上。只有那一片明月是知情者，它曾经看着赵飞燕当年不情不愿地走进了昭阳殿。很明显，这是一篇翻案之作，对赵飞燕给予无限同情。

这首诗有问题吗？我们似乎看不出什么问题来，顶多是有点怨气而已，暗示在宫中并不快乐，而且还会遭人诽谤。但是，耶律乙辛可不是这么解释的。他说，这首《怀古》足以证明，皇后和赵惟一有奸情！为什么呢？因为这《怀古》诗中，分明藏着赵惟一的名字啊。"宫中只有赵家妆"藏着一个"赵"字，"惟有知情一片月"又藏着"惟一"两个字，合起来不就是赵惟一吗！那《十香词》又是什么呢？香艳的《十香词》，就是皇后写给赵惟一的露骨情诗！这是多么清奇的联想，又是多么深重的诽谤啊。

辽道宗是个心胸狭窄又脾气暴躁的人。他一听之下，勃然大怒，也不分青红皂白，就勒令萧观音以白绫自尽。这还不够，辽道宗还命人剥光萧观音的衣服，以苇席裹尸送还萧家，表示自己跟她恩断义绝。一代皇后，就这样含冤而死，年仅三十五岁。直到她的孙子天祚帝上台，才又重新追封她为皇后。而天祚帝，已经是辽朝最后一代皇帝了。换言之，萧观音之后的辽朝，也就走向了无可挽回的衰亡。

可能读者朋友会说，这样的人物，我们见多了。汉朝的班婕妤，曹魏的甄皇后，不都是先得宠，后失宠，信而见疑，忠而被谤，甚至赔上了一条性命吗？确实，这种中国古代女性的无力感其实不分朝代，也不分民族。但是，抛开这些属于古代女性的共性，我还是觉得，辽朝的萧太后们有一些分外独特的魅力，她们身上那种壮士断腕的气魄，那种收放自如的气度，那种"东去能翻鸭绿江"的气概，恰似吹过广袤北方的一阵雄风，令人振奋不已。她们的人生汇入了波澜壮阔的中华历史，她们的精神也让中华历史变得格外波澜壮阔，气象万千。

曹皇后

人伦风化归三世，
王室功劳属两朝

　　历史的时间序列上，与辽朝的承天皇太后萧绰并列的，应该是北宋仁宗的曹皇后。

　　前两年，很多读者朋友都看过一部电视剧《清平乐》，那里的男一号宋仁宗是那么温润如玉，女一号曹皇后也那么贤良淑德，真是"窈窕淑女，君子好逑"。只可惜，这么一对璧人却偏偏未能擦出爱情的火花，从头到尾都只是举案齐眉，相敬如宾，看了又不免让人气闷。电视剧虽然有艺术创作的成分，但大体方向却不错。在中国古代的各个王朝中，北宋是一个特别文质彬彬的时代。无论是皇帝还是皇后，都那么温良恭俭让，以至于在历史上留下的印迹都相对模糊。拿皇帝来说吧，给大家留下鲜明印象的，都是汉武帝、唐太宗那样的大英雄，或者是秦始皇、隋炀帝那样的大暴君，相比之下，克己复礼的宋仁宗就显得苍白了不少。皇后也是如此，吕太后、武则天这样的旷世女杰就不必说了，就拿上一篇的三位萧太后来说，哪一个不是性格鲜明，神采飞扬？可是，到北宋曹皇后这里，调子却一下就低了下去。低到大部分人根本就不知道她的存在。可事实上，曹皇后不仅是宋仁宗的皇后，宋仁宗去世之后，继位的宋英宗病重，她又以皇太后的身份垂帘听政。直到宋英宗的儿子宋神宗时代，她还以太皇太后的身份继续发挥着政治影响力。可是，一个本该像红太阳一样的人，却并没有散发出咄咄逼人的气息，而是活成了一抹温柔的白月光。她是怎么做到的呢？曹皇后有自己的处世之道。这个处世之道，用一个字形容，叫"退"；用两个字形容，叫"本分"；用四个字形容，叫"弱德之美"。

曹皇后是怎么退的呢？她当皇后的时候退避妃子，当太后的时候退避大臣，当太皇太后的时候退避孙子。

先看退避妃子。她退避的人是宋仁宗的宠妃张贵妃。曹皇后是将门虎女，又饱读诗书，尤其擅长写飞白书。按道理讲，这样兰心蕙质的皇后，应该是无可挑剔了吧？可惜，宋仁宗偏偏不喜欢她，却宠幸一个出身低微的张贵妃。出身低微限制了张贵妃的教养，得宠又助长了张贵妃的傲慢，一个缺乏教养而又举止傲慢的人最容易做出出格的行为。有一次，为了显示威风，张贵妃竟然想要打着皇后的仪仗出游。要知道，仪仗可不仅仅是花哨的摆设，仪仗的背后，是中国古代的礼乐制度，而礼乐制度的背后，又是森严的身份等级。一个贵妃用皇后的仪仗出行，这不就是对皇后身份最大的挑战吗！这样违背礼制的事情，连宋仁宗都不敢答应。可是，张贵妃又撒娇使性，跟宋仁宗闹。怎么办呢？宋仁宗就让张贵妃自己去找曹皇后借。这其实是一种很不地道的踢皮球行为，按照宋仁宗的小算盘，曹皇后肯定不会答应。这样一来，张贵妃既做不成没规矩的事，又怪不到他头上，这不是两全其美吗？张贵妃头脑简单，还真就去了。不料曹皇后听完之后，不仅没有反对，甚至连一点不高兴的神色都没流露出来，大大方方就把仪仗借给了她。这是退避妃子。

再看退避大臣。到宋英宗时代，曹皇后已经成了曹太后。宋英宗身体一直不好，当皇帝没多久就卧床不起，只好让曹太后临朝称制。北宋太后临朝是有传统的，曹太后的婆婆刘太后刘娥就曾经临朝称制十二年，不仅身穿龙袍接受皇帝和大臣的朝贺，还身穿皇帝的衮服主持太庙祭祀，就差没当皇帝了，堪称宋朝的武则天。可是，虽然有例可循，曹太后却并没有向刘太后看齐，她临朝称制根本不进正殿，而是在东门小殿听政。这还不算，大臣们奏事，如果有不同意见、矛盾上交，曹皇后总是说："我见识短浅，无法做出这么重要的决断，你们再商量一下，商量出一致意见再说。"这是退避大臣。

再看退避孙子。所谓退避孙子，说的已经是宋神宗时代的事了。曹皇后无宠，自己并没有生出一男半女，所以，宋英宗并不是她的亲儿子，只是她的养子。不过，儿子虽然不是亲儿子，到孙子一辈可就和亲孙子一样了。曹太皇太后特别疼爱孙子，每次宋神宗退朝晚了，她都要到宫门口翘首等待，还经常做了好吃的给他送去，跟民间的老奶奶并没有什么区别。宋神宗对曹太皇太后也非常孝顺，经常哄着她出门游玩，而且每次出行，都要亲自搀着老太太。除了游山玩水，还有什么能让老太太高兴呢？宋神宗想来想去，觉得曹太后富贵已极，一般的玩意儿都入不了她的眼。只是她少小离家，进入后宫，从此跟娘家疏远，这是一大憾事。大家看《红楼梦》都知道，贾府的大小姐贾元春虽然封了贤德妃，享受荣华富贵，但是，每次一想到骨肉分离，都要黯然伤神。可是，贾元春还能回家省亲呢，而曹皇后不仅自己没有回过娘家，还坚持不让外家男子入宫拜谒，所以自从当皇后以来，她就没见过自己的亲弟弟。她弟弟是谁呢？此人名叫曹佾，就是民间神话八仙过海里的那位曹国舅。只不过，曹国舅真实的身份并不是神仙，而是宋神宗手下的一个大臣。神宗觉得，太皇太后已经是风烛残年，曹佾也日渐衰老，再不见，今生就见不着了。既然如此，自己为什么不创造条件，让奶奶自由自在地跟娘家弟弟聊聊天呢？于是，宋神宗就带曹佾进了宫。姐弟俩都差不多半个世纪没见过了，一见之下，感慨万千。宋神宗觉得，自己虽然是晚辈，但毕竟也是皇帝，而曹佾是大臣，有自己在身边，姐弟俩多少有点放不开。于是，就起身避开了，岂料曹太皇太后一看宋神宗走了，马上对弟弟说："这里是皇帝的后宫，不是你应该待的地方，不能因为我坏了皇帝的规矩，你赶紧走吧。"这就叫退避孙子。

可能有的读者朋友会说，原来所谓退避，就是软弱可欺啊。是不是呢？却又不是。就拿退避妃子来说吧，曹皇后把仪仗借给张贵妃，张贵妃到底用没用呢？她没敢用。因为宋仁宗出面阻拦了。宋仁宗本来是踢皮球，可是，一看曹皇后真把仪仗借给张贵妃，宋仁宗又傻眼了。众所周知，北宋的谏官最较真，包拯曾经面对宋仁宗大吵大闹，把口水都喷到了仁宗的脸上。如果仁宗真让张贵妃用皇后的仪仗出行，谏官可就不是喷口水这么简单了，他们还不得用口水把自己淹死啊！怎么办呢？既然曹皇后唱了红脸，主动退避三舍，那宋仁宗就只好唱白脸了，他说："国家的礼仪章法，上下是有秩序的，你用皇后的仪仗出游，大臣肯定议论纷纷，还是算了吧。"这样一来，张贵妃也只好作罢。

再看退避大臣。曹皇后万事不拿主意，就如同泥塑木雕一般，大臣们会不会因此糊弄她？也不会。别看曹太后不拿意见，她的记性可好。每天大臣给她的奏报多达好几十件，她都能一一记住。而且，一记住还就忘不了。日后大臣提起这件事，无论时隔多久，她都能迅速梳理出来龙去脉，如果哪位大臣说的话前后矛盾，曹太后三问两问，就能把人问得汗流浃背。想想看，面对这样一位心明眼亮而又一声不吭的皇太后，臣子们的压力得多大啊。只能祈祷自己千万别出错，反倒不敢打什么欺上瞒下的歪主意。

再说退避孙子。奶奶如此德高望重，尚且这样谨慎，神宗作为孙子，又岂敢在后宫乱了章法？所以说，退避不是软弱可欺，它既是美德，也是智慧。

曹皇后固然谦逊退让，但她也有坚守的东西，坚守的是什么呢？就是本分。所谓本分，就是皇后的本职工作。皇后是个政治身份，她有两份本职工作，一个是稳定后宫，这是显性工作；还有一个是心怀朝局，这是隐性工作。曹皇后坚守的，正是这两个本分。

先看稳定后宫。在仁宗时代，曹皇后经历过一次变故，叫坤宁宫事变。庆历八年（1048）正月十八那天，宋仁宗难得地在曹皇后的坤宁宫留宿。半夜的时候，忽然听到外面传来惨叫之声，还有火光冲天而起。宋仁宗赶紧起身，问外面是怎么回事。宦官怕惹事，就含糊应对说："可能是老妈妈打小宫女呢。"曹皇后一听就火了，厉声道："这分明是有人在杀人放火，你遮遮掩掩，不是要误了大事吗？"听到这话，宋仁宗就想出去看看。曹皇后马上把他拦住了，劝谏道："外面情况不明，官家千万不能出去。不仅不能出去，一会儿还要把殿门锁死，让人轻易不能进来。"但是，宫里这么多人，也不能都坐在里面等死。怎么办呢？曹皇后迅速把宫里的宦官组织起来，亲手剪掉他们的头发，对他们说："事态危急，你们出去看看情况，相机行事。明天论功行赏，就以头发为证！"打发走这批宦官，她又让留下来的宦官和宫女赶紧准备水，一会儿若是有人到坤宁宫点火，点一处就浇灭一处。这么一安排，整个后宫顿时就有了遵循。这场变乱结果如何呢？其实有点出人意料，一共只有四个侍卫犯上作乱，算是虚惊一场。但是，尽管如此，曹皇后的表现还是相当可圈可点。这就是尽稳定后宫的本分。

当然，有本领的好皇后不仅仅能够稳定后宫，她还必须心怀朝局。可是，皇后不干政是中国古代的一项基本原则，曹太后甚至在临朝称制的时候都不发表意见，那还怎么心怀朝局呢？举一个例子吧。宋神宗时期，不是重用王安石，变法图强吗？可是当时朝中还有相当多的人反对变法，大文豪苏轼就是其中之一。这样一来，他也就成了新党的眼中钉，肉中刺。元丰二年（1079），苏轼从徐州调到湖州，担任知州。这种调动，按照惯例都要给皇帝上谢恩表。苏轼在《谢恩表》里说陛下"知其愚不适时，难以追陪新进；察其老不生事，或能牧养小民"。什么意思呢？陛下知道我太蠢，不合时宜，难以跟上时代步伐，奉陪新党；但是，也知道我老了，不生是非，才让我管理湖州的小民百姓。很明显，这是在发牢骚，但也只不过就是发牢骚而已，并不是什么大问题。问题是，掌权的新党正想整他呢，于是就借题发挥，把他之前写的很多诗文都搜罗到一起，说他一贯攻击朝廷，反对新法。怎么处理呢？他们把苏轼抓了起来，关在御史台的监狱里，打算判处死刑。这就是文学史上大名鼎鼎的"乌台诗案"。这件事传到曹皇后的耳朵里了，她本人属于保守派，是同情苏轼的。可是，身为太皇太后，她又不能干政。怎么办呢？曹皇后对神宗皇帝说："当年你爷爷仁宗皇帝在殿试中取中苏轼兄弟，特别高兴，回来就对我说：'我为子孙们找到了两位好宰相。'听说现在苏轼因为作诗而被关进监狱，可别是有仇人害他吧？再说，文人们写诗本来就比较随便，要是从诗句里挑错，这也太小题大做了吧？我的病已经很重了，还请皇帝别因为冤枉好人而伤了中和之气。"这番话说得真有水平。一句也没提政治观点，新旧党争，只是跟神宗讲他爷爷当年对苏轼的欣赏，又讲自己生病了，想要积点福报。这不是说教，而是说情，说得宋神宗都流下了眼泪，终于轻判了苏轼。如今苏轼的粉丝特别多，可是大家一定要知道，苏轼的主要作品都是乌台诗案之后写的，也就是说，曹皇后通过自己的努力，给我们留下了一个大文豪，这是多么大的功劳啊！可是，对曹皇后来说，这仍然只不过是本分而已。

当年，宋朝人评价宋仁宗，说他诸事不会，就会做官家。这个"就会做官家"，其实就是守本分。现在我们说曹皇后守本分，那也就是身为皇后最大的贤德了。只可惜，这帝后二人的品性太像了，像到如同电源的同一极，那就不是异性相吸，而是同性相斥了。坤宁宫事变之后，宋仁宗宁可褒奖一路狂奔，泪流满面地跑到自己面前，说死也死在一起的张贵妃，也不愿意奖赏处乱不惊，却又真正护驾有功的曹皇后，让我们在一千年之后都忍不住为曹皇后鸣不平，而曹皇后也只是一笑置之，让习惯看宫斗戏的人很是不爽。

可能读者朋友会说，儒家的礼教不就是教女人逆来顺受吗？特别是宋朝以后，对女性的束缚越来越厉害。曹皇后的退让也罢，本分也罢，其实都不过是心甘情愿地当弱者罢了！是不是呢？又不尽然。这几年，叶嘉莹先生发明了一个词，叫"弱德之美"。她说："弱德不是弱者，弱者只趴在那里挨打。弱德就是你承受，你坚持，你还要有你自己的一种操守，你要完成你自己，这种品格才是弱德。"这个说法特别耐人寻味。其实，不仅曹皇后体现着弱德之美，她的丈夫宋仁宗吃到沙子也不声张，生怕御厨房的人受处分，这也是弱德之美。再往远里说，唐太宗纳谏是弱德之美，汉景帝节俭还是弱德之美。甚至，我们整个中华文化的特征就是屈己尊人，克己复礼，这都是弱德之美。弱德培养出来的不是弱者，恰恰相反，能够承受打击，不断完善自己的人，都是真正的强者。遥想当年，宋辽对峙，北边有萧太后横刀立马，南边有曹太后克己复礼，看似一强一弱，可也如同太极图的阴阳鱼一样，相互转化，生生不息。《周易》所谓"天行健，君子以自强不息；地势坤，君子以厚德载物"，说的正是这个道理。

曹皇后去世之后，唐宋八大家之一的曾巩曾经给她写过挽诗。曾巩的诗一直不如文章有名气，这首诗的传播也并不广泛。但是，诗中有这么一句评价却非常到位："人伦风化归三世，王室功劳属两朝。"什么意思呢？说曹皇后对人伦风化的带动，可以影响祖孙三代；而她对皇室的辅助功劳，又护佑了宋仁宗和宋英宗两朝。不是每一个女性都能有辅佐皇室的机会，有机会而不滥用，有能力而不跋扈，以弱德之美成就强者之志，这样的皇后，值得赞美。

南渡江山底事传，
扶危定倾赖红颜

梁红玉

○

两宋时期的中国，一直南北分裂。北宋在河北地区和辽朝对峙，是南北朝；南宋在淮河一线和金朝对峙，也是南北朝。身为一个江南政权，南宋王朝始终身处金朝的巨大压力之下。所以，南宋的历史，又是一部抗金史。说到抗金名将，大家首先想到的一定是武穆王岳飞，但是，如果说到抗金女将，那就应该是本篇的主人公，擂鼓战金兵的一代巾帼英雄梁红玉。

中国古代有四大美女，四大才女，也有四大巾帼英雄。哪四位呢？第一花木兰，第二梁红玉，第三穆桂英，第四樊梨花。这四位巾帼英雄中，花木兰、穆桂英、樊梨花都算是文学人物，只有梁红玉是个如假包换的历史人物，很多人都知道梁红玉擂鼓战金兵的英雄传奇。那么，梁红玉到底是什么来历？她身为一个女子，为什么能够走上战场？还有，抛开传奇故事，梁红玉对南宋的抗金大业到底有什么贡献呢？

先看第一个问题，梁红玉是什么来历？梁红玉最早的身份，是京口营妓。京口就是现在的镇江，而营妓，则是专门为军营中的将士服务的妓女。做营妓之前呢？有记载说，她是安徽池州人，而且是池州将门之女，从小跟父亲练就了一身功夫。她力气大，能开强弓；技术又好，二百步之内箭无虚发。后来因为方腊起兵，她父亲贻误军机被斩首，她才流落京口，沦为营妓。但是，尽管成了营妓，她却不俗不媚，大有侠气，人称"角抵大王"，也就是大力相扑手。是不是真的呢？这个说法其实出自后人所写的《英烈夫人祠记》，没什么史料依据，基本上是根据她后来的事迹想象出来的，换言之，梁红玉早年的出身并不清楚。其实，不仅梁红玉的出身不清楚，就连"红玉"这个名字，也是后人编的。在史书中，她只是被称为梁氏，没有名字。后来，明朝文人张四维写了一本传奇，名叫《双烈记》，梁氏一出场，先念了一段词："奴家梁氏，小字红玉。父亡母在，占籍教坊，东京人也。"从此，人们就管她叫梁红玉了。我们如今也随俗从众，继续叫她梁红玉。有了这么一番铺垫，大家就能够明白，虽然都是宋朝女性，但是，梁红玉跟曹皇后、李清照、朱淑真等人并不一样。曹皇后她们几位的人生道路虽然千差万别，但基本上都算是闺秀出身，属于社会的上中层。而梁红玉呢，却是底层女性。可能读者朋友会说，这不是和严蕊很像吗？不错，严蕊是官妓，梁红玉是营妓，都是隶属于官府的国家妓女。但是，官妓和营妓又有差别。官妓为官老爷服务，相对比较清雅，所以严蕊能作诗填词；而营妓为军人服务，相对就比较豪放。个人觉得，无论是弯弓射箭还是摔跤相扑，大概未必是出自她父亲的传授，而是她服务的那些军汉教给她的。跟这样的人打交道久了，梁红玉也慢慢地沾染了一些英风凛凛的军人风采，这可能是这个不算体面的职业带给她的一个意外收获吧。不过，营妓出身对梁红玉最大的意义还不在于气质的改变，而是让她认识了一个人，正是通过这个人，她才最终走向了战场。

这个人就是位列南宋中兴四大名将之一的韩世忠。只不过，韩世忠当时可还不是抗金名将，而是一个名不见经传的小军官。韩世忠是陕西延安人，从小就喜欢舞枪弄棒，乡里人称之为"泼韩五"。这样的人天生就是当兵的料，自从少年时代应募从军之后，韩世忠冲锋陷阵，屡立战功，特别是在征方腊的战役中，他更是孤军深入，生擒方腊，立下大功。可能有读者朋友会疑惑，在《水浒传》里，方腊不是鲁智深活捉的吗？民间还有一种说法，是"武松单臂擒方腊"。其实，无论是鲁智深擒方腊还是武松擒方腊，都是出自明清时期的文学作品，不足为信。而根据《宋史·韩世忠传》记载，这个功劳，其实应该记在韩世忠头上。只可惜，如此赫赫战功，却敌不过官场的潜规则。韩世忠擒获方腊的功绩竟为上司所夺，他拼命一场，也只当了个小小的承节郎。这对相信个人奋斗的韩世忠是个不小的打击。不过，官场失意不妨碍情场得意。就在平定方腊起义之后，失意的韩世忠遇到了奇女子梁红玉。

两个人到底是怎么相识的呢？历史上有两个说法。一个说法出自笔记小说《鹤林玉露》。据说有一天，天刚蒙蒙亮。梁红玉走出家门去往营中，路过一座破庙。这破庙她平时也看惯了，但这一天，她随便往里一瞟，居然看见一只老虎蜷缩在庙里。梁红玉吓了一大跳，再定睛一看，原来不是老虎，而是个英武的军汉。这军汉正是韩世忠。韩世忠因为有功不赏，借酒消愁，醉倒在破庙之中，看起来要多潦倒有多潦倒，可是梁红玉呢，细细打量一番之后，却认定韩世忠是个英雄，对他芳心暗许，还把他带回家中。从此，世上也就多了一对英雄夫妻。这个说法太过神奇了，人们并不怎么相信，所以，后来的《英烈夫人祠记》又讲了另一种说法。

有一天，征方腊的部队设庆功宴，宴席就摆在了梁红玉所在的妓馆。韩世忠以承节郎的身份叨陪末座，不免郁郁寡欢。妓院的风气一向是拜高踩低，失意的人本来是无人理睬的。但是，梁红玉一双慧眼，却偏偏就锁定在韩世忠身上。她觉得，此人虽然意气消沉，但英姿不减，看着倒比那些高级将领还要威风些。再仔细一打听，原来他就是那个独擒方腊，却又被人夺了功劳的韩世忠。梁红玉是个有眼光也有气性的人，心里深深地为韩世忠打抱不平。这样的英雄，朝廷不喜欢，我喜欢！梁红玉不是个事事仰赖别人的弱女子，她也不指望韩世忠来拯救她，她已经攒了好几年的钱了，此刻好钢用在刀刃上，拿出积蓄给自己赎了身，从此心甘情愿追随韩世忠，就如同当年的红拂夜奔。

那么，这两个故事哪个更趋近事实呢？其实可能都是浪漫故事。事实是，韩世忠一共有四位夫人，除了正妻白氏之外，其他三位妾都是妓女出身。这样看来，也许梁红玉慧眼识英雄也只是一个传说，更大的可能是，娶妓为妾原本就是当时的社会风气，也符合韩世忠的个人趣味。对梁红玉来说，嫁一个军官，做妾从良，也是一个相当合理的婚姻选择。不过，嫁给韩世忠虽然未必有故事中所讲的那么浪漫，但对梁红玉却至关重要，因为她从此进入了军营。这也就回答了我们的第二个问题，梁红玉身为一个女子，为什么能走上战场？跟女扮男装，替父从军的木兰不一样，梁红玉不是女兵，她真正的身份其实是随军家属。但是，话又说回来，梁红玉可不是一般的随军家属，她是一个能摔跤、会射箭的女汉子，她天生就应该属于军营。

这一对天造地设的军人夫妻，又赶上了一个能够让军人发挥才干的大时代。这个大时代，就是靖康之变。北宋原本是重文轻武的，武将相当受压制。但是，金兵南下，徽、钦二帝被俘，宋高宗赵构的南宋政权刚刚建立，还在被金兵穷追猛打，正处于风雨飘摇之中，在这个时候，军人的作用就凸显出来了。

这也正是我们之前问的第三个问题，梁红玉到底为南宋做了什么贡献？她一共做了内外两件大事。第一件是参与平定"苗刘兵变"，让宋高宗坐稳皇位。当时正是建炎三年（1129），金朝军队奔袭扬州，宋高宗狼狈渡江，逃到杭州。就在这个外患严重的时刻，负责护卫宋高宗的武将苗傅和刘正彦居然发动兵变，把宋高宗关了起来，逼迫他退位，禅让给刚刚两岁多的皇太子，让孟太后来垂帘听政，改年号为明受元年。

所谓"屋漏偏逢连夜雨，船破又遇打头风"，这场兵变对南宋政权几乎是灭顶之灾。怎么办呢？当时，韩世忠正率领水师在海上防备金兵，听说"苗刘兵变"，他马上把队伍开到了秀州，也就是如今的嘉兴。然后屯兵城下，招兵买马，修整器械。这意味着什么？这种举动，既可以理解为率军勤王，也可以理解为首鼠两端，反正，韩世忠动向不明，这让苗、刘二人很是焦虑。怎么办呢？

苗、刘二人就把梁红玉和孩子扣为人质，想用这一招来逼韩世忠归顺。这时候，有一个名叫朱胜非的宰相来给苗、刘两人进言了。他说："韩世忠不是一个难对付的人，他之所以没有马上投靠我们，是因为还没有得到太后的诏令，也不知道能得到什么封赏。现在你们把他的老婆孩子扣起来，他反倒会惊慌失措，离心离德。依我之见，不如把老婆孩子还给他，再请孟太后下一道懿旨，保证他前程无忧。他看到老婆孩子平安，再有了前途保障，自然就会归顺了。"苗、刘二人头脑比较简单，觉得朱胜非说得有道理，于是真的释放了梁红玉，让她去传孟太后的懿旨，劝韩世忠归顺。梁红玉是怎么做的呢？重获自由之后，梁红玉快马加鞭，一天一夜就从杭州赶到了秀州。不过，她可不是来劝韩世忠归顺的，恰恰相反，她马上就把苗、刘二人的底细以及他们在杭州城的防务虚实讲得清清楚楚，然后痛陈利害，敦促韩世忠勤王。有了她的襄赞，韩世忠的勇气和底气都成倍增长。等到苗、刘二人派出的使者赶来，向韩世忠宣诏时，韩世忠一下子就变了脸。他说："我只知道有建炎，不知道有明受！"随即怒斩来使，焚烧诏书，起兵勤王，很快就生擒苗、刘二人，恢复了宋高宗的皇位。这对宋高宗几乎就是再造之恩，宋高宗非常感动，亲笔写下"忠勇"二字，送给韩世忠，又提拔他为武胜昭庆军节度使，从此，韩世忠也就从一员裨将成长为方面大员了。与此同时，梁红玉也因传令之功，被授予"护国夫人"的称号，还由孟太后从宫中单独拿出一份俸禄，直接发在她的名下。飞马传诏，促夫尽忠，这已经是难能可贵的传奇。

然而，梁红玉还有第二个传奇，那就是闻名千古的黄天荡擂鼓战金兵。这件事发生在苗刘兵变之后的一年，建炎四年（1130）。这一年，金朝的元帅完颜宗弼，也就是话本小说里的金兀术率领十万大军南下，长驱直入江浙，南宋各路大军纷纷溃败，宋高宗也逃到了浙东地区，随时准备入海。当时，韩世忠手下只有八千多人，也被迫从镇江退守江阴。眼看着局势又一次危急起来，梁红玉给丈夫出了一个主意。她说："金兀术孤军深入，就算攻破临安，也是强弩之末。他们在这儿待不长，一定会大肆掳掠一番，然后回北边去。我们此刻无法硬斗，不如就在他们回去的路上打伏击。"韩世忠觉得很有道理，早早地就做好了准备。果然，金兀术的军队烧杀抢掠了一阵子，就带着战利品往北返了。这时候，韩世忠已经从江阴赶到镇江，正在焦山寺等着他们呢。这次水战，可是货真价实的一场恶战。两军对垒，金朝军队的箭像雨点一样射过来，韩世忠的兵力毕竟有限，眼看着就要处于下风，怎么办呢？这时候，忽听一阵战鼓咚咚从大船上传来。只见梁红玉脱去铠甲，丢掉头盔，威风凛凛地站在船上，冒着眼前纷纷落下的箭雨，擂响战鼓，号令三军。鼓是冲锋的号令，也是军队的灵魂。八千壮士听到梁夫人的鼓声，重整旗鼓，不仅把十万金军牢牢地封锁在了镇江的江面上，甚至连金兀术都差一点被俘。这就是历史上大名鼎鼎的梁红玉擂鼓战金兵。正是这一场恶战，把金兀术的十万大军逼进了只有入口没有出口的长江断港黄天荡，然后才有韩世忠利用地形优势，仅凭八千兵力，将金兀术的十万大军围困在黄天荡中长达四十八天之久的英雄业绩。此后，直到绍兴十一年（1141）宋金和议，金兵始终没有再敢南渡长江。可以说，南宋后来的政治安全，在很大程度上就是建立在黄天荡大捷的基础之上的。而梁红玉擂鼓战金兵，又成为黄天荡大捷的一个象征性符号。正是她那一鼓作气，不仅打赢了一场战役，更打出了中原儿女的精神。这精神如山不倒，后世的人们忍不住把她的矫健身姿和镇江口那座挺拔的金山联系在一起，所以，这个故事后来又以讹传讹，演化成了梁红玉擂鼓战金山。

抗日战争之初，日军势力强盛，投降派的主张一时间甚嚣尘上。这个时候，革命老人林伯渠写下了一首《咏梁红玉》，诗云："南渡江山底事传，扶危定倾赖红颜。朝端和议纷无主，江上敌骑去复还。军舰争前扬子险，英姿焕发鼓声喧。光荣一战垂青史，若个须眉愧尔贤。"什么意思呢？渡江建国的南宋小朝廷本来没有什么事能流传，人们能记住的，只有梁红玉这个扶危济困的女红颜。朝廷里的官员们还在议论纷纷想要求和，而长江之上，敌人的铁骑已经在来来往往，去了又还。这个时候，扬子江畔忽然出现了军舰争先的英雄场面，梁红玉居中挺立，擂鼓喧天。这光荣的一战已经永垂青史，无论哪个须眉男子在你面前都会惭愧无言。毫无疑问，南宋王朝值得骄傲的人物当然不只是梁红玉，林伯渠老人的用意，主要还是以女子激励男子，以古代激励今天。一位敢于擂起战鼓，迎战强敌的女性未必足以改变历史，但她足以振奋民族精神。这精神正是我们中华民族最珍贵的文化遗产。如今，它已经化成一副对联，悬挂在淮安梁红玉祠前，那副对联写道："也是红妆翠袖，然而青史丹心。"

第五章

○

明清风云

蜀锦征袍自裁成，
桃花马上请长缨

中国的历史本来就是由汉族和少数民族共同写就的。就以王朝承继来说吧，宋朝之后是元朝，元朝之后是明朝。明朝的开国皇帝朱元璋以恢复汉人正统自居，还曾经发出过"驱逐胡虏，恢复中华"的号召，但是他万万没想到，二百多年之后，在他的后嗣，明朝最后一位皇帝明思宗，也就是崇祯皇帝的时代，大明的江山还要靠一位出身"蛮夷"的少数族裔将领来保卫，而且，这位少数族裔将领还是一位女性，她的名字叫秦良玉。

这样一来，一种很有趣的"番"汉交融现象也就出现了。元朝有一位女书画家管道升，靠文采收服了一位少数民族皇帝元仁宗，让这位皇帝心甘情愿地给她出画册；而本篇的主人公，明朝的土司女将秦良玉，却靠武力收服了一位汉人皇帝明思宗，让这位皇帝热情洋溢地给她写诗文。据说，崇祯皇帝给秦良玉写的诗一共有四首，其中第一首最为著名。诗云："蜀锦征袍自裁成，桃花马上请长缨。世间多少奇男子，谁肯沙场万里行！"

这首诗其实就概括了秦良玉一生的功绩，也反映出那个时代对女性的认识。怎么看这首诗呢？我们从后两句开始，倒着看。

"世间多少奇男子，谁肯沙场万里行！"这两句诗说的是秦良玉的武功。虽然我们中国人喜欢讲花木兰替父从军，杨家将十二寡妇征西这一类女将报国的故事，但是，真实存在的女将数量其实少之又少。如果不算年代过于久远，只存在于考古遗迹之中，事迹半明半暗的商王武丁的妻子妇好，那么，真正载入史册的，也只有冼夫人、平阳公主、梁红玉等寥寥几人而已。在这几个人中，冼夫人的事迹记载在《隋书·列女传》里，平阳公主的事迹记载在《唐书·公主传》里，而梁红玉呢，只是在她丈夫韩世忠的传记里稍稍提了一笔。这么一比较，大家就能发现秦良玉的非凡之处了：在古代所有女将之中，秦良玉是唯一一位载入正史将相列传而非《列女传》的巾帼英雄，也是唯一一位凭战功封侯的女将军。她的事迹被记载在《明史》第二百七十卷《秦良玉》，她也被南明的隆武皇帝加封为太子太保、忠贞侯。那么，秦良玉究竟有什么业绩，能够当此殊荣呢？

第一是平定播州土司杨应龙。明神宗万历二十七年（1599），播州土司杨应龙造反，这是历史上所谓的"万历三大征"之一，对明朝西南的安全形成巨大威胁。当时，年仅二十五岁的秦良玉就跟随丈夫，石柱土司马千乘参与对杨应龙的征讨。当时，马千乘领军三千，而秦良玉则以"土司马千乘妻秦氏"的身份，直接统属五百兵马押运粮草相随，获得"南川路战功第一"的战绩。主持播州之役的湖广川贵军务总督李化龙还特地为秦良玉打造银牌一面，上书"女中丈夫"四字，来表彰她的功劳。此后马千乘因为开矿的事务得罪了京都太监丘乘云，被卷入诉讼，死于大狱，秦良玉也按照明代土司管理规章，顺理成章地继承了丈夫的职位——石柱宣抚使，成为当地的女土司。这是她第一次领兵作战，也是她一生事业的基础。

第二是抵御后金。明朝末年，努尔哈赤和后金逐渐成为明朝最大的敌人。本来，秦良玉所在的石柱县位于重庆，而努尔哈赤的后金地处辽东，两者远隔千里，一点关系都没有。但是，后金的军队锐不可当，而秦良玉的军队也是当时的一支劲旅，所以，明朝君臣多次征发秦良玉千里驰援。其中最激烈的一次战役就是明熹宗天启元年（1621）的浑河血战。当时，努尔哈赤率领几万士兵猛攻沈阳，秦良玉则派出自己的哥哥秦邦屏带领四千白杆兵力战，来解沈阳之围。就这区区四千白杆兵，居然打退了数万八旗劲旅的三次冲击，杀伤八旗兵两三千人，但自己也筋疲力尽，死伤惨重，秦邦屏就是在这次血战之中殉国。秦邦屏战死后，秦良玉制了一千五百件冬衣，分发给浑河之战后剩下的石柱残兵，自己又率领精兵三千抵达山海关，继续作战。这样前赴后继的英雄气概，让当时的兵部尚书张鹤鸣钦佩不已，他上奏朝廷说："浑河血战，首功数千，实在是石柱、酉阳两位土司的功劳，应该予以褒奖。"这里的石柱土司，就是秦良玉。

第三是抗击张献忠。明思宗崇祯六年（1633），明朝已经是内外交困。外有后金兴兵关外，内有李自成、张献忠纵横驰骋。

就在这种情况下，秦良玉又奉调回到重庆，全力对抗张献忠和另一个起义领袖，外号"曹操"的罗汝才。当时，四川巡抚邵捷春只带着弱卒两万人保卫重庆，这样一来，重庆防务几乎完全压在了秦良玉身上。邵捷春是福建福州人，进士出身，既不通军事，又不知川蜀地理，可以想象，秦良玉面对这样的军事统帅，内心该是何等绝望。而且，以她的聪明，她也很早看破了大明朝廷官员"以蜀为壑"，愿意把四川、重庆放弃给起义军的意图，尽管如此，她仍然愿意做最后一搏。她一人单骑面见邵捷春，说："现如今情况危急，如果把我的土司部队全部征调起来，扫地为兵，还能再多出两万部队，我本人出一半的军饷，朝廷出一半的军饷，还可以决一死战。"想想看，对于一个小小的石柱土司，这两万部队和一半军饷意味着什么？意味着秦良玉已经毫无保留，把全部家底都交出来了，对朝廷够赤胆忠心、披肝沥胆了吧？那么，邵捷春怎么考虑这个问题呢？他根本没有斗志，摇摇头拒绝了秦良玉的提议，主帅如此，秦良玉也就没办法了。

从崇祯六年（1633）开始，秦良玉殚精竭虑，保卫重庆长达十一年之久。终于，到崇祯十七年（1644）春天，张献忠大举进攻重庆，秦良玉寡不敌众，手下三万白杆兵全军覆没，秦良玉单枪匹马回到了石柱。这时候，秦良玉终于死心，她知道自己已经无法挽救四川，挽救明朝了，但是，就算只剩下一个人，她至少还得为家乡而战。她的家乡，就是她当土司的石柱。石柱现在叫石柱土家族自治县，是湖北和重庆的交界之地，山高林密，宗族发达。秦良玉退守石柱之后，召唤族人，跟他们相约"有从贼者，族无赦"，杜绝内部的奸细，然后再派兵把守石柱四境，坚决抵抗外敌入侵。这样的防守结果如何呢？当时，张献忠四处拉拢西南土司，却唯独不敢涉足石柱地界。直到张献忠败死，石柱始终独立不屈。隆武二年（1646），远在福建的隆武帝派使节专程赶赴石柱，加封秦良玉太子太保衔，封忠贞侯，同时，西南的永历帝也加封秦良玉为太子太傅，任以四川招讨使。这个时候，距离崇祯皇帝吊死煤山已经过去了两年之久，石柱却仍然是明朝的疆土，而秦良玉也仍然是明朝的将军。这个身份，一直持续到永历二年（1648），秦良玉以七十四岁的高龄寿终正寝。我们看书听戏，经常会讲杨家将满门忠烈的故事，其实，秦良玉一家也是满门忠烈。她的哥哥秦邦屏、秦邦翰，弟弟秦民屏都牺牲在辽东战场，她唯一的儿子马祥麟牺牲在襄阳战场，儿媳张凤仪牺牲在河南的侯家庄战场。马祥麟临死之前，曾经给秦良玉写信："儿誓与襄阳共存亡，愿大人勿以儿为念！"而秦良玉的回信只有一句："好！好！真吾儿！"这真是母亲威武，儿女英雄。

那么，问题又来了，秦良玉为什么这么能打？有两个因素至关重要。

第一，她不是汉人。《明史》称秦良玉为"土舍妇人"，所谓"土舍"，并不是"土房子"，而是专指明清时代西南地区的土司及其亲属。西南地区高山大河，古代中原王朝并不能在这些地方实施直接统治，只能分封这些地区的本土统治者，让他们"世有其地、世管其民、世统其兵、世袭其职"，也就是说，世世代代统治这个地方。秦良玉就出身于这样一个地区，这样一个群体。这对秦良玉来说太有意义了。如果是汉族妇女，在明朝会怎样呢？汉族妇女首先就得缠足。别看在戏剧舞台上，武旦可以踩着跷，装出一副小脚妇女的样子跑圆场，打出手，但事实上，缠足的妇女是不可能真正走出家门的。而且，汉人的文化传统也要求她大门不出二门不迈。但是秦良玉不同。她少年时就和兄弟一起学习骑射，练得一身好武艺。据说，她父亲曾经感慨道："可惜你是个女儿，不能施展本领。"秦良玉当即回了一句："只要给我机会，我一定不比冼夫人差！"注意到没有？她的偶像，也是跟她一样的少数民族女首领冼夫人。那么，她到底得到机会没有呢？她得到了，秦良玉二十二岁的时候，嫁给石柱土司马千乘为妻，随即就跟丈夫一起带兵打仗，而且还在丈夫死后顺理成章地接班，继续在石柱领兵领民，这才能让她的军事才华充分发挥出来。否则，就算威武如梁红玉，不也只能是擂鼓战金兵，充当丈夫的助手吗？

第二，她有一支精锐部队，叫"白杆兵"。这可是她和丈夫马千乘精心训练出来的一支部队。这支部队的秘密武器就是白杆枪。所谓白杆枪，就是用结实的白蜡树做成长杆，白杆的上面配上带刃的钩，下面则配上坚硬的铁环，作战时，钩可砍可拉，环则可做锤击武器。必要的时候，这白杆还能当绳索使用，只要把数十根白杆的钩环相接，就可以成为越山攀墙的工具，让士兵们像猴子一样攀上悬崖峭壁，插入敌人后方，所以非常适合山地作战。不过，秦良玉的白杆兵厉害，还不仅仅是因为武器趁手，更重要的是，这支军队是名副其实的父子兵。一般明朝的官军都是乌合之众拼凑而成的，碰到贼军就逃跑，缺乏粮食就骚乱，军纪涣散，军心不稳。但是，白杆兵不一样，他们之间本来就是同乡同族，家人父子关系，最能同心同德，生死相依。就拿秦良玉一家来说吧，播州之战，秦良玉和丈夫马千乘率宗族参与战事；浑河之战，秦良玉的兄长秦邦屏和秦邦翰战死，弟弟秦民屏负伤突围而出，秦良玉闻讯，当即和她的儿子马祥麟一道北上驰援，誓死要为她的兄长复仇，在后续的战斗中，秦良玉之子马祥麟眼睛中了一箭，仍然拔箭策马防御不退。再到后来，抵御罗汝才、张献忠，则是秦良玉与侄子秦翼明组团，马祥麟与妻子张凤仪组团，全力协助，共同战斗。可以说，秦良玉的土司兵就是秦家的子弟兵。子弟兵本来就最有战斗力，中国历史上的戚家军、岳家军、杨家将不都是这个道理吗？但是，在传统中原社会，军队的家族化和地方化又是皇权的大忌，所以经常受到打压，而秦良玉的土司兵，却恰恰因为山高皇帝远才保存下来，这才能够在关键时刻发挥作用。

这样说来，我们就明白秦良玉能打的道理了，她来源于汉人以外的另一个文化传统，在那个文化传统里，军队都是自家子弟，女人也可以上阵杀敌。如果说中华文明是一条大河，那么，这就是其中一个充满勃勃生机的支流。

女英雄打出了自己的威风，那么，当时的人又怎么看待她呢？这恰恰又可以用《赐秦良玉四首·之二》中的前两句来分析。

"蜀锦征袍自裁成，桃花马上请长缨。"白杆兵的战袍都是秦将军拿出蜀锦，自己裁成的，她跨上毛色白里带红的桃花马，主动勤王请缨。崇祯皇帝真是一位不错的诗人，蜀锦袍，桃花马，这样绮丽的词句，一下子就让诗文有了色彩，秦良玉将军都被烘托得神采飞扬了。可是，这鲜明的色彩背后，也有着同样鲜明的性别意识。崇祯皇帝为什么一定要写"蜀锦征袍自裁成"？除了用词华丽之外，还因为裁缝衣服这一类女红针黹，本来就是女人的本分，秦将军既然是女人，不给她配一把剪刀怎么行！"桃花马上请长缨"也是如此。秦将军可不能骑什么赤兔马、黄骠马，那些马都太过粗糙，太过雄健了，只有俊秀的桃花马，才能配得上美貌的女将军。这是多么强烈的性别暗示啊。

其实，不只是这一首诗带有强烈的性别色彩，崇祯皇帝的其他赞美诗也是如此。比如，《赐秦良玉四首·之四》："凭将箕帚作蚩弧，一派欢声动地呼。试看他年麟阁上，丹青先画美人图。"什么意思呢？秦将军拿着扫帚当军，把满洲铁骑都扫出了北京城，全城军民庆祝胜利，笑语欢呼。日后在麒麟阁画英雄人物的画像时，一定要先画秦将军这幅美人图。别看秦良玉的精锐部队是白杆兵，但在崇祯皇帝的心目中，秦将军打败敌人的武器可不是白杆枪，而是一把扫帚，因为古代妇女的职责不就是执巾栉，奉箕帚，打理家庭吗！而且，以后在麒麟阁里给英雄画像的时候，秦良玉将军可不能像一般武将那样威风凛凛，她的画像应该，也必须是一幅美人图。事实上，流传到今天的秦良玉画像，还真就是一幅穿了铠甲的美人图。

那么，这种鲜明的性别意识是不是崇祯皇帝一个人的想法呢？当然不是。但凡是古代的女将军，不都是这个待遇吗？花木兰出征之前，一定是"唧唧复唧唧，木兰当户织"，回到家之后，也必须得"当窗理云鬓，对镜贴花黄"。就连《红楼梦》里，贾宝玉虚拟的那位姽婳将军林四娘，也要写成"眼前不见尘沙起，将军俏影红灯里；叱咤时闻口舌香，霜矛雪剑娇难举。"一副十足的女娇娥模样。这就是古人心目中固定不变的女性想象。

问题是，真实的秦良玉是不是真的如此女性化呢？万历四十八年（1620），曾经有一位名叫黄中允的朝鲜使节，在通州遇到了率军援辽的秦良玉，并将所见所闻写在了一本《西征日录》中。他说："万历四十八年五月十五日我们来到曹庄，遇到了秦良玉。她的身材非常肥大，网巾、靴子、袍带都用男子的规格。她能读书写字，熟于兵书，在马上用重八十斤的双股剑，年龄三十五六，吹角打鼓乘轿，气势颇为雄壮。她的丈夫姓马，已经死了，儿子十六岁，他的母亲、姐姐、兄弟带领各队。女兵共有四十余名，穿戴战笠、战服、黑靴红衣，跨马驰突起来，和男子中骁勇强健者区别不大。"

很明显，和皇帝笔下如花似玉、贤良淑德的女将军不同，真实的秦良玉是雄壮的，连她手下的女兵，也都战靴战袍，跨马驰突，与男性并没有多大差别。换句话说，"红妆"和"沙场"之间的激烈冲突，在真实的秦良玉身上并不存在，至少没有那么富于戏剧性。我丝毫不怀疑，让"红妆"和"沙场"对立起来，会让画面显得更加唯美，充满文人情趣；但是我觉得，一个更像军人的军人，才能真的打赢战争。就像毛泽东主席在《七绝·为女民兵题照》中所写的那样："飒爽英姿五尺枪，曙光初照演兵场。中华儿女多奇志，不爱红装爱武装。"

溅血点做桃花扇，
比着枝头分外鲜

李香君

秦淮八艳的故事，在中国讲了又讲，早已经广为人知。说起来，她们也不过是秦淮河边的名娼而已，在古代中国这样一个风气严肃、注重道德的国度里，本不应该受人追捧。但是，后世的人们谈论起秦淮八艳，在好奇的同时，也总有几分敬意。究其原因，是因为她们在明末乱世、国破家亡之际，最后彰显出来的，不是"艳"，而是"烈"，不是风流，而是风骨。本文的主人公，是秦淮八艳之中的一个代表人物，桃花扇的主人李香君。

在秦淮八艳之中，李香君容貌不是最美，才华不是最高，经历不是最奇，但是，知名度却一直数一数二。为什么呢？因为有孔尚任的著名传奇《桃花扇》。这出戏唱了三百多年，早已让我们耳熟能详，以至于一提起李香君，我们想到的，就是《桃花扇》。那么，

《桃花扇》到底讲了什么故事呢？归拢一下，大体有四大关节。

第一大关节叫定情。李香君本来是秦淮河畔的少年名妓，住在媚香楼，来往的都是文人雅士、忠良君子。明思宗崇祯末年，复社重要成员，"明末四公子"之一的侯方域来南京参加科举考试，经杨龙友介绍结识李香君，两人你侬我侬，侯方域将一柄宫扇并一个扇坠赠了李香君，作为定情信物。

第二大关节叫却奁。李香君、侯方域感情日深，侯方域要梳拢李香君。所谓梳拢，其实就是妓院中清倌人头次接客，这在当时是要花一大笔钱的，这笔钱既包括给鸨母的抚养费，也包括给清倌人的妆奁。侯方域独在异乡为异客，没有那么多钱。这么办呢？这时候，有人出面帮忙了。此人就是隐居南京的魏忠贤余党阮大铖。魏忠贤是明代四大权阉之一，在明熹宗一朝号称"九千岁"，他擅权乱政，坏事做绝。而阮大铖本来是进士出身，甚至还曾经列籍东林党，后来却依附魏忠贤，成了东林败类。崇祯皇帝登基后，打击阉党，魏忠贤自杀，阮大铖也因此罢官，到南京做了寓公，在舆论场中很是狼狈。得知侯方域的情况后，他就以重金置办妆奁，托其结拜兄弟杨龙友送给侯方域，想要拉拢侯方域，借以缓和与读书人的关系。结果被李香君看破端倪，高唱着"脱裙衫，穷不妨；布荆人，名自香"，退回妆奁，坚决不与阉党为伍，阮大铖因此怀恨在心。

第三大关节叫溅扇。李自成攻占北京，崇祯皇帝吊死煤山。阮大铖等人在南京拥立福王登基，改元弘光。这等于摇身一变，又成了南明的功臣。他恃功擅权，排挤东林、复社士子。侯方域也被阮大铖诬陷为暗通叛军，只好逃往扬州，投奔督师史可法。

侯方域走后，阮大铖又逼迫李香君嫁给漕抚田仰，李香君以死抗
争，血溅定情宫扇。此后，杨龙友将扇面血痕点染成桃花图，这
是桃花扇的来历，也是李香君不屈精神的象征。

第四大关节叫入道。清军渡江，弘光君臣逃亡，侯方域和李
香君这一对乱世鸳鸯经过几度悲欢离合，又在栖霞山的白云庵重
逢。两个人还想再续前缘，结果被张道士撕碎桃花扇，当头棒喝：
"你看国在哪里，家在哪里，君在哪里，父在哪里，偏是这点花
月情根，割他不断吗？"二人领悟，双双斩断情缘，出家入道。

这四大关节，就是《桃花扇》的基本脉络，也是我们对李香
君的基本印象。问题是，传奇只是传奇，跟历史对比一下，到底
哪些是真，哪些是假呢？

先看第一大关节，定情。这是真的假的？基本上是真的。只
不过介绍李香君和侯方域认识的，未必是《桃花扇》中所提到的
明末画家杨龙友，而是复社才子陈贞慧。侯方域是著名的"明末
四公子"之一，这四公子除了侯方域，还有思想家方以智，秦淮
八艳之一董小宛的丈夫冒辟疆，以及复社才子陈贞慧。陈贞慧的
年纪比侯方域大了十四岁，他的情人，正好是李香君的养母，秦
淮前辈李贞丽。想来，侯方域到南京考试，陈贞慧出面招待，应
该就在李贞丽的宝地，这样一来，侯方域结识李香君，也就在情
理之中了。侯方域当时二十二岁，正是青年公子，才华横溢，而
李香君当时正是二八年华，以唱南曲著称，两个人郎才女貌，很
快也就如胶似漆。拿什么定情呢？《桃花扇》里写的是扇坠。这
个细节，我觉得是编出来的。为什么呢？因为李香君在秦淮河的
绰号就叫"香扇坠"。为什么叫香扇坠呢？李香君出道的时候年

仅十三岁，生得娇小玲珑，性格又活泼，就像一个摇摇摆摆的香扇坠一样讨人喜欢，《桃花扇》作者孔尚任受此启发，干脆让侯方域送她一个扇坠做定情之物，这就是文人雅谑了。

再看第二个大关节，却奁。这个情节是不是真的呢？差不多是真的。只不过，李香君推却的，不是阮大铖给她的妆奁，而是阮大铖给侯方域的烟花之资。怎么回事呢？前文说过，阮大铖当年也曾经是东林党人，后来见风使舵，阿附大宦官魏忠贤，被东林党视为叛徒，东林党的后辈复社对他也很是不齿。崇祯皇帝上台之后，杀死魏忠贤，阮大铖也被革职，蛰居南京。陈贞慧等复社首领还是不断抨击他，让他很是狼狈，基本处于"社死"的状态。怎么办呢？正在这个时候，侯方域来到了南京城。阮大铖觉得侯方域身为四公子之一，影响力很大，却又年轻，人生经验不足，应该容易拉拢。于是，阮大铖就托了一位姓王的将军，每天陪侯方域吃喝玩乐。侯方域到李香君的媚香楼消费，都是王将军替他埋单。侯方域是少年公子，被人捧惯了的，根本没觉得有什么不妥，还跟王将军玩得很开心。可是这样一来二去，倒被李香君看出了问题。李香君虽然只有十六岁，但是，她毕竟是秦淮河畔长大的姑娘，人生阅历远比侯方域丰富，她知道，此事背后必有蹊跷。于是，就对侯方域说："这个王将军一看就没什么钱，也不是那种八面玲珑、好交际的人，为什么整天替你花钱呢？请公子务必问个明白，不要被人耍弄。"侯方域再三追问，王将军终于承认，他是受阮大铖之托，希望侯方域念及交情，在陈贞慧他们面前替阮大铖美言几句。侯方域毕竟吃人嘴软，就含糊应承说："大家都是朋友，哪有什么解不开的误会？改天我会跟陈贞慧解释几句。"听他这么讲，李香君一把将他拉进里屋，正告他说："我因为养母李贞丽的关系，很早就认识陈贞慧，知道他是一个有气节的人，对公子你也很看重。如果他知道公子你跟阮大铖交往，就绝对不会像现在这样对待你了！公子何必为了人所不齿的阮大铖，去得罪这样的真朋友呢！再说，以公子如今的社会声望，肯定大有前途，为什么要结交阮大铖呢？你就不怕被他的坏名声拖累吗？公子饱读诗书，难道还不及我一介女流看得明白吗？"侯方域一听，对李香君大为钦佩，索性假装喝醉，睡倒在床上，不搭理王将军了。王将军当然明白是怎么回事，只好悻悻而去。从此之后，侯方域也就不再跟他交往了。看完这个故事，大家如何评价李香君呢？我觉得，这件事虽然没有《桃花扇·却奁》那段描写那么富有戏剧冲突，一件件地往下扔珠翠，一件件地往下脱衣裳，还一边脱，一边骂，让人看得痛快淋漓，但是，它背后所反映出的李香君的清高和正义还是一样的。要知道，烟花巷本来就是销金窟，身为妓女，本职工作就是捞钱，根本不必管这钱从何处来。侯方域身在客中，并没有什么钱，他能到李香君这里来，其实全凭王将军这个大金主。换句话说，这王将军以及他背后的阮大铖才是李香君真正应该笼络的对象。按照这个逻辑，李香君不仅不应该揭穿王将军，就算侯方域自己发觉了问题，李香君都要替王将军掩饰，这才符合她的经济利益。但是，李香君没有这么做，她不仅帮侯方域认清了王将军的真面目，还力促侯方域拒绝了阮大铖的贿赂，在这个过程中，她没有顾及一点点利，她考虑的全都是义。见利忘义在任何社会、任何人群中都不少见，相反，"正其义不谋其利"倒是难能可贵的君子风范。这样难能可贵的事情居然发生在一个妓女身上，当然令人啧啧称奇。

再看第三大关节，溅扇。这个情节是不是真的呢？也颇有一些踪影。侯方域晚年，曾经为李香君写过一篇回忆文章，名叫《李姬传》。而溅扇这件事，就是《李姬传》中的重点内容。按照《李姬传》的说法，侯方域因为科举落第，要回老家商丘去。李香君到南京的桃叶渡去送他，给他唱了一出自己最拿手的《琵琶记》。《琵琶记》不是讲蔡伯喈和赵五娘的故事吗？李香君唱完之后对侯方域说："蔡伯喈这个人虽然是个才子，但是依附董卓，大节有亏，终究是不值得称道。公子你才华不减蔡伯喈，前途未可限量，希望你自爱，别忘了我为你唱的《琵琶记》啊。你走以后，我也再不唱这本戏了！"就这样，两个人挥泪告别。告别之后呢？李香君又回到媚香楼，接着迎来送往。这时候，已经是南明时代了。阮大铖等人都重新得势，在弘光小朝廷里为官做宰，搞得小朝廷乌烟瘴气。有一个南明的漕运总督名叫田仰，听说了李香君的大名，出价三百两黄金，要见李香君一面。李香君鄙薄田仰的为人，坚决不见。田仰恼羞成怒，就在阮大铖面前污蔑李香君，说她和复社的侯方域有勾结，侯方域反对阮大铖，而自己又是阮大铖的人，所以李香君才不待见他。很明显，田仰其实是想把风月问题政治化，说李香君的政治立场有问题。一个秦淮河畔的妓女，居然卷入朝廷的政治斗争，这个帽子扣得大不大？当然大。得罪了朝廷里的当权派，对李香君好不好？当然不好。妓院做生意，是不能轻易跟客人结仇，更不能轻易得罪官府的。既然如此，李香君要不要委曲求全，去见一下田仰呢？她没有。李香君只是叹息了一句说："这个田仰，果真和阮大铖是一路货色啊。当年，我还力劝侯公子拒绝阮大铖，如今我若是因为害怕田仰就去巴结他，那岂不是骗了侯公子！所以，无论什么后果，我担着就是。这个人，我坚决不见。"然后呢？其实并没有然后。侯方域亲笔写成的《李姬传》就到此为止，既没有田仰逼迫，李香君血溅宫扇，更没有杨龙友借着血迹点染桃花的事。也就是说，《桃花扇》中，那最著名的一句唱词"溅血点作桃花扇，比着枝头分外鲜"，其实是编出来的。桃花扇并不存在，属于艺术创作。

　　读者朋友可能会觉得，这太颠覆我的认知，太令人失望了。是不是呢？其实并不是。面对强权，李香君的反应虽然没有《桃花扇》描写的那么唯美，那么浪漫，那么富于戏剧性，但是，她的精神境界，其实比《桃花扇》中所写的更为纯粹，也更为高明。为什么呢？因为按照孔尚任《桃花扇》的说法，李香君为什么不跟田仰走？关键原因是她要为侯方域守节。这其实还是为了一个男人而拒绝另一个男人，是货真价实的男权立场。但真实的李香君并非如此。她拒绝田仰，不是因为侯方域，而是因为她瞧不起田仰。那么，她的这种抉择里，难道没有一点侯方域的因素吗？当然有。当年，她劝侯方域立身要正，不要屈从于阮大铖，既然如此，她自己又怎么可以屈从于田仰呢？这可不是为侯方域守节，而是她要用要求侯方域的那种精神境界来要求自己。李香君看起来并不是那种特立独行的人，她并不像柳如是那样，打扮成儒生，跟士大夫高谈阔论，她只是人们心目中乖巧可爱的香扇坠而已；但是，在精神底色上，她又和柳如是并无不同，她们都坚守自己的自由意志，也都坚守自己的道德理想。这种坚持，不是比单纯的守节更高明，也更打动人心吗！

再看第四个大关节，双双入道。这个情节是不是真的呢？这就基本上是假的了。侯方域的《李姬传》没有写到李香君的结局，但有其他记载说，李香君最后是依傍着另外一位秦淮八艳卞玉京一起生活。卞玉京以女道士的身份终老，想来，李香君在动荡的时代藏身道观，了此一生也属寻常。关键问题出在侯方域这里。侯方域本来是"明末四公子"之一，对这样的人，人们是期待他为国尽忠的。但是，让很多人料想不到的是，顺治八年（1651），侯方域居然参加了顺天府的乡试。中国古代的科举考试就是为做官设立的，考科举就意味着想当官，而想当官也就意味着认同了清朝。要知道，顺治年间民族矛盾还是很尖锐的，侯方域在这种情况下参加科举，确实令人大失所望。事实上，清朝就有诗人讽刺他说："竟指秦淮作战场，美人扇上写兴亡，两朝应举侯公子，忍对桃花说李香。"古人云："时穷节乃现。"兴亡之际，秦淮河畔的李香君尚且能够血溅桃花，名动天下的侯公子却只会两朝应举，两相对比之下，两个人的境界不就高下立判了吗！这样看来，李香君和侯方域的故事，恰似柳如是和钱谦益的故事，都是名士不如名妓，让人在赞叹风尘侠女的同时，也不免为读书人扼腕叹息。有时候，骨头的硬度还真不取决于读书的厚度，而取决于精神的强度。有了这种精神强度，名士才能成为真名士，名妓也才能成为真名妓。

清朝嘉庆年间，有一位名叫崔鹤的年轻画家画了一幅《媚香楼小影》，画面上柳下桃，中间是一个月洞窗。一个美人手执桃花宫扇，凭窗俯视，这美人便是李香君。崔鹤并非知名画家，但这幅作品却引来一众著名人物争相收藏题跋。其中，有一位藏家是个著名的文人，他的名字叫林语堂。在混乱动荡的 1934 年，林语堂先生购得了这幅画，将它悬挂在书斋壁上，还在上面题了一首诗。诗云：

> 香君一个娘子，血染桃花扇子。气义照耀千古，羞杀须眉男子。
> 香君一个娘子，性格是个蛮子。悬在斋中壁上，教我知所观止。
> 如今天下男子，谁复是个蛮子。大家朝秦暮楚，成个什么样子。
> 当今这个天下，都是贩子骗子。我思古代美人，不至出甚乱子。

这其实是一首打油诗，但是，在所有为李香君题写的诗篇中，我最喜欢这一首。而且，就在此刻，我一时手痒，也想要续貂几句：我们做事作文，不要摆花架子。不忘美人风骨，才能当个君子。

孝庄太后

春官昨进新仪注，
大礼躬逢太后婚

历史的时间走到清朝，也就走到了中国古代社会的终点。清朝一兴一亡，跟两位政治女性关系密切。一位是清初的孝庄太后，一位是清末的慈禧太后。孝庄太后是开国皇帝皇太极的妃子，辅佐顺治、康熙两位皇帝接班，让清朝从东北边疆政权一跃成为地跨约一千三百万平方公里的大一统政权，再一跃进入富贵康宁的康乾盛世。慈禧太后是咸丰皇帝的妃子，扶立同治、光绪、宣统三位皇帝，却也让清朝一误再误，最终滑向万劫不复的深渊。本篇的主人公就是一手托起大清国运的孝庄皇太后，她留给历史的，不仅仅有彪炳史册的功绩，也有一个耐人寻味的谜团。这个谜团叫作"太后下嫁"，它和"顺治出家""雍正继位"一起并称为清初三大奇案，不仅困扰着一代一代的历史学家，也让普通老百姓好奇不已。

要说清楚太后下嫁这件事，还得先从皇太极去世之后的皇位争夺战说起。皇太极是清朝的开国皇帝，他从努尔哈赤手里接过后金政权的班，改国号为"清"，向关内的明朝发起了更加猛烈的进攻。可是，就在清朝在宁锦战场节节胜利之时，皇太极猝然长逝，时年五十一岁。他这一去世，清朝的接班人立刻就出现了问题。为什么呢？因为清朝初年的皇子继承制度本来就不明确，谁当皇帝，得由八旗旗主，也就是八大贝勒说了算。当年，皇太极就是这么接的班，现在皇太极死去，他的接班人也还得由贝勒们共议。当时，手握八旗劲旅，有接班资格的人一共有七个，分别是皇太极的哥哥正红旗主礼亲王代善，皇太极的堂弟镶蓝旗主郑亲王济尔哈朗，皇太极的弟弟镶白旗主睿亲王多尔衮，皇太极的长子正蓝旗主肃亲王豪格，皇太极的弟弟镶白旗主武英郡王阿济格，皇太极的弟弟正白旗主豫郡王多铎，以及代善的孙子颖郡王阿达礼。在这七人之中，最有实力的是两个人，一个是多尔衮，另一个是豪格。这两个人都三十多岁，年富力强而又战功卓著，在七大贝勒里也都有自己的支持者。其中，多尔衮的支持者是他自己的两个同胞弟弟阿济格和多铎，以及代善的孙子阿达礼；而豪格的支持者则是伯父代善和叔叔济尔哈朗。可能读者朋友们会想，这样看来，是支持多尔衮的人更多了？却又不然，因为皇太极自己还控制着正黄、镶黄和正蓝旗，其中正黄旗和镶黄旗都明确表示支持豪格。这样一来，在各旗旗主中，豪格还略占优势。可是，就在双方剑拔弩张、互不相让的关键时刻，多尔衮忽然抛出了第三个方案。让皇太极的第九子，当时的庄妃，后来的孝庄太后的儿子，年方五岁的福临接班当皇帝。自己和郑亲王济尔哈朗辅政。

这个方案一出来，原有的矛盾都迎刃而解了。原本支持多尔衮的人自然不会反对，而原本支持豪格的人之中，很多人最执着的其实是立子不立弟，现在立了福临，本身就是皇太极的儿子，这就已经解决了一个大问题，又让原本属于这一派系的济尔哈朗辅政，他们也就满意了。所以，真正利益受损的人只有豪格一个，但他此时已成孤家寡人，也就兴不起什么风浪来了。

各个旗主同意还不够，这个方案还得到了皇太极后宫，也就是崇德五宫后妃的全力支持。所谓崇德五宫，指的是崇德元年（1636）清太宗皇太极在盛京称帝时，册封的五宫后妃，也称五大福晋。这五位后妃是清朝满蒙联姻政策的产物，都来自蒙古博尔济吉特氏。其中，科尔沁博尔济吉特氏更是一枝独秀，在五大福晋中占了三位，分别是排位第一的清宁宫皇后哲哲，排位第二的关雎宫宸妃海兰珠以及排位第五的永福宫庄妃布木布泰，也就是后来的孝庄太后。更妙的是，这三个人其实是姑侄关系。哲哲是姑姑，海兰珠和布木布泰是侄女。在她们三位之中，哲哲地位最高，海兰珠最受宠，只是当时已经去世了，而布木布泰分位最低，也不受皇太极的宠幸，但是，她生了一个儿子，就是福临。事实上，当年哲哲姑侄三人同嫁皇太极，正是要确保生出儿子来。所以，别看福临年纪小，那可是当时满蒙联姻政策结出的硕果，而满蒙联姻，既是清朝赖以发展的基本国策，也是漠南蒙古安身立命的重要依托。这样一来，整个崇德五宫当然拥护福临接班。

可能读者朋友会说，这不就是鹬蚌相争渔翁得利吗？福临算是躺赢。问题可没有那么简单。虽然这个建议是多尔衮提出来的，但是，在背后运作的，还有一个重要推手，而这个推手，应该就是福临的母亲，庄妃布木布泰。为什么这样说呢？因为当时崇德五宫的五位后妃，一共才有两个儿子，一个是五岁的福临，另外一个才两岁，能否活下去还完全是个未知数。这样一来，能够代表崇德宫蒙古后妃利益的，只有福临一人而已。这不仅是庄妃本人的利益，更是蒙古贵族的利益所在。既然如此，在多尔衮和豪格两派势力斗争的情况下，要把福临推上皇位，应该联合谁，打击谁呢？当然是联合多尔衮，打击同为皇太极儿子的豪格。那么，庄妃又是如何跟多尔衮搭上关系的呢？我们看电视剧《孝庄秘史》，会发现编剧安排了一个青梅竹马的情节，这当然只是戏说，不是事实。更真实的纽带是，多尔衮的大福晋就是庄妃的堂姐妹。无论嫁给谁，她们都代表着科尔沁博尔济吉特氏的势力，是祸福相依的命运共同体。我觉得，庄妃走的应该就是大福晋这条内线，这才能说服多尔衮，炮制出这么一个方案来。想想看，能够在一片混乱之中，纵横捭阖，成全儿子，也成全自己和娘家，这就是庄妃的政治素质和政治能量。

就这样，次年，六岁的福临意外胜出，成了清朝第二任皇帝，年号顺治。多尔衮也因此成为最重要的辅政大臣。顺治元年（1644），就是在多尔衮的领导下，清兵入关，定鼎北京，实现了清朝历史的一大跨越。可是，政治舞台上的事情总是一波未平一波又起。顺治称帝，庄妃荣升皇太后，多尔衮呢，还只能是辅政大臣。这样白白替他人做嫁衣裳，多尔衮当然不能满意。而且，他的不满还有实力做支撑，随着时间的推移，他的势力越来越大了。顺治二年（1645），多尔衮的名号变成了皇叔父摄政王；顺治四年（1647），又免除了他入朝跪拜的礼仪。了解中国历史的人都知道，一旦辅政大臣到了赞拜不名这个环节，也就离皇帝不远了。如何才能遏制多尔衮的勃勃雄心，让他别轻易产生取而代之的念头呢？

就是在这种情况下，出现了所谓"太后下嫁"的说法。当时，有一个反清复明的志士叫张煌言，写了一系列《建夷宫词》。所谓"建夷"，是指清朝本来出自建州女真，是"夷狄"，所以简称"建夷"。因此，《建夷宫词》就是写清朝宫廷的诗。这一组诗一共有十首，其中第七首最为引人注目：

上寿觞为合卺尊，慈宁宫里烂盈门。春官昨进新仪注，大礼恭逢太后婚。

什么意思呢？所谓"上寿觞为合卺尊，慈宁宫里烂盈门"，是说太后所居的慈宁宫里宾客盈门，人们纷纷捧起酒杯，祝贺一对新人合卺大婚。那么，到底是谁能够在太后的慈宁宫举行婚礼呢？后两句说："春官昨进新仪注，大礼恭逢太后婚。"主管礼仪的春官尚书昨天已经进奉了一套新的典礼规范，而这些典礼规范就是为了庆祝太后大婚。原来，举行婚礼的不是别人，正是孝庄皇太后本人，身为太后，居然还能再结婚，这是多么不同寻常啊！

她是跟谁结婚呢？好多证据都指向了多尔衮。比如，顺治五年（1648），多尔衮的封号居然从"皇叔父摄政王"改成了"皇父摄政王"，如果孝庄皇太后没有和多尔衮结婚，他怎么能称为"皇父"呢？事实上，这个重大改变不仅我们注意到了，当时的朝鲜使臣也注意到了。转过年来，顺治六年（1649）二月，清廷派使臣赴朝鲜递交国书，朝鲜国王见书中称多尔衮为"皇父摄政王"，就问使臣，这"皇父摄政王"是怎么回事啊？清使回答说："今则去叔字，朝贺之事，与皇帝一体也。"也就是说，从此之后，对多尔衮的朝贺和对皇帝的朝贺都一样了。听他这么解释，朝鲜的右议政郑太和说："敕中虽无此语，似是已为太上矣。"什么意思呢？虽然没有下敕书，看来多尔衮已经做了太上皇了。按照规矩，只有皇帝的爸爸才能叫太上皇，如果孝庄太后没有嫁给多尔衮，他又如何成为太上皇呢？

《建夷宫词》是一个证据，多尔衮封号的改变是第二个证据。还有第三个证据，保存在《清世祖实录》中，是顺治十七年（1660）顺治皇帝给自己死去的乳母李氏追封的一条谕旨。谕旨云："睿王摄政时，皇太后与朕分宫而居，每经累月，方得一见，以致皇太后萦怀弥切。乳母竭尽心力，多方保护诱掖，皇太后惓念慈衷，赖以宽慰。"什么意思呢？多尔衮摄政的时候，孝庄皇太后和我分宫而居，常常好几个月才能见一面，皇太后特别不放心。幸好有这位李氏乳母细心保护我，皇太后才稍觉安慰。这话说得奇怪吧？孝庄太后和顺治皇帝一个是孤儿，一个是寡母，彼此感情最为深厚，既然都住在紫禁城，为什么好几个月才见一面？是不是因为太后下嫁多尔衮，多尔衮辖制太后，不让她见自己的儿子呢？

还有第四个证据。康熙二十六年（1687）十二月 [1]，孝庄太

---

[1] 康熙二十六年为 1687 年，孝庄太后病逝在农历十二月，按公历病逝时间则为 1688 年。——编者注

后病逝，享年七十五岁。临终时，她遗命康熙，自己不与太宗皇太极合葬，而是要在顺治帝孝陵近地安厝。康熙也是孝庄太后一手扶持起来的皇帝，一向对祖母言听计从。可是，就算如此，这条遗命也让他为了难。直至康熙自己都去世了，他都没能将祖母灵柩下葬，直到他的儿子即位，雍正三年（1725）十二月，才最终在清东陵的风水墙外建陵安葬孝庄太后，称为"昭西陵"。清东陵一共葬有五位皇帝，十五位皇后，一百三十六位嫔妃，其他人全都在风水墙内，唯独昭西陵在风水墙外，这也不免让人联想，是不是孝庄太后下嫁多尔衮，觉得不便见皇太极于地下呢？

当然，相关的证据还不止这些，比如，1946 年，有一个叫刘文兴的人为一本题名为《皇父摄政王起居注》的书写了题跋，题跋里说，他的父亲刘启瑞曾经奉命在朝中库房翻阅档案，无意中发现顺治帝时孝庄太后下嫁摄政王的诏书，还曾上报过朝廷。只可惜随着岁月变迁，这份诏书已经不知所终了。

总之，有关太后下嫁，林林总总的证据颇为不少，好多学者都坚信这个说法，比如，已故中央民族大学的清史泰斗王钟翰先生就是这一观点的力主者。当然，也有一些学者认为，这些证据或者是诗文，不能当作正经史料看待，或者是间接证据，不具有绝对价值，因此不承认有所谓的太后下嫁之事。比如，另外一位已故的清史泰斗孟森先生，就持这种观点。看到这里，读者朋友一定会好奇，说了这么多，你怎么看待这个问题呢？我其实并没有任何超越前人的证据，但是，我还是觉得，太后下嫁应该是真的。

之所以如此，是因为，这既是传统，更是现实政治的需要。所谓传统，就是满洲旧俗中的收继婚。满洲旧俗把妇女视作财产，按照肥水不流外人田的原则，无论是兄死弟娶其嫂，还是父死子娶庶母，都是光明正大的事情，谁也不会觉得有什么不妥。当然，天聪九年（1635），皇太极受汉族的影响，曾经颁布一个诏令说，以后不能再娶伯母、婶婶和嫂子。可是谁都知道，移风易俗绝非一蹴而就的事情，不可能人人遵守，立刻执行。事实上，多尔衮斗倒豪格之后，还娶了他的福晋。按照辈分来看，豪格的福晋可是多尔衮的侄媳妇，既然他可以娶侄媳妇，为什么不能娶嫂子呢？事实上，不光是满洲，古代的少数民族乃至更早时期的汉族都曾经存在过收继婚的传统，在这种文化背景下，孝庄太后如果再嫁多尔衮，并不是一件惊世骇俗的事情，只是后来礼教收紧，人们才觉得难以接受罢了。

再看现实政治。当年的政治情势下，怎样才能让多尔衮既死心塌地为清朝卖命，又不去夺取小皇帝顺治的皇位？太后下嫁其实是最好的选择。既然孝庄太后都成了多尔衮的妻子，那么，顺治也就是多尔衮的儿子，特别是在多尔衮自己本身无子的情况下，这种父子关系就会更为牢靠。古代中国只有儿子等不及，跟父亲抢皇位的先例，哪有父亲等不及，非要抢儿子江山的道理呢？既然都是夫妇父子的关系了，顺治的江山也就如同多尔衮自己的一般，为自己的江山奋斗，多尔衮又怎么可能不尽力呢？这就跟当年辽圣宗的母亲萧太后在丈夫辽景宗死后，立刻委身重臣韩德让是一个道理，当年，韩德让不也因此对辽圣宗死心塌地，全力辅佐吗！个人觉得，有了这样的需求，不由得孝庄太后不嫁。虽然，这下嫁未必像《建夷宫词》所写的那样热闹，更未必下过明确的诏书，但是，孝庄太后一定有办法将多尔衮和自己捆绑在一起，因为只有这样，才有娘家的利益，也才有儿子的江山。

如果这种猜测成立，那么，所谓太后下嫁，并不像电视剧所表现的那样，是出于对多尔衮的情，恰恰相反，孝庄太后做此抉择，其实是出于对儿子的爱。这是深沉的母爱，更是清明的政治理性。事实上，孝庄太后不仅在下嫁这个问题上表现出了政治理性，在顺治死后选择八岁的康熙接班，以及在顺治和康熙少年时代坚决不垂帘听政等抉择上，也都表现出了同样清明的政治理性。也正因为如此，清朝才能在接连出现两位年幼君主的情况下，仍然能够保持政局的稳定和社会的发展，直至诞生中国古代历史上最后一个盛世——康乾盛世。

谈到中国古代的女政治家，我们很容易把目光集中在那些出头露面的女性身上，比如，君临天下的武则天，或者垂帘听政的慈禧。但事实上，躲在背后未必没有躲在背后的能量，就像很多最严肃的政治问题，不妨通过最温柔的情感方式解决一样。审时度势，以柔克刚，这就是孝庄太后的智慧。

一腔热血勤珍重，
洒去犹能化碧涛

　　本书最后一篇的主人公，是鉴湖女侠秋瑾。为
什么要用秋瑾来收尾呢？一方面是因为秋瑾生活在清
朝末年，代表着中国古代社会的终结；另一方面，也
是因为，秋瑾是我内心最为敬仰的女性，一直都是。
好多年来，总有各种各样的人问我，你最欣赏的女性
历史人物是谁？我猜想，当我讲皇帝序列的时候，人
们期望我回答武则天；当我讲古典诗词的时候，人们
又期望我回答李清照。毫无疑问，武则天和李清照都
是女性杰出的代表，她们分别代表着古代女性在政治
领域和文化领域的最高成就，让我写起来都觉得笔底
生风，仿佛与有荣焉。但是，一直以来，我的答案既
不是武则天也不是李清照，我的答案一直都是秋瑾，
只有秋瑾，也必须是秋瑾。为什么呢？因为和之前的
二十七位女性相比，秋瑾和我们更像。她不再必须是

谁的女儿，或者谁的妻子，她就是一个独立的个体。在新旧两个世界交替之际，她曾经为了追求独立和解放，而在群和己、家和国之间反复徘徊，反复挣扎。也正是因为有了以她为代表的那些女性先驱的奋斗牺牲，我们才有了今天的成就与尊严，也才能坦然地回顾历史，回顾三千年来女性的坎坷旅程。所以，我们就以这一篇来致敬秋瑾，致敬这个近代民主革命和女权运动的先行者。用什么致敬呢？用秋瑾的一阕词和一首诗。

这一阕词是《满江红·小住京华》。词云：

小住京华，早又是中秋佳节。为篱下黄花开遍，秋容如拭。四面歌残终破楚，八年风味徒思浙。苦将侬强派作蛾眉，殊未屑！

身不得，男儿列；心却比，男儿烈。算平生肝胆，因人常热。俗子胸襟谁识我？英雄末路当磨折。莽红尘何处觅知音？青衫湿！

什么意思呢？我在京城小住，转眼间就又到了中秋佳节。篱笆下的菊花都已盛开，秋天展露出更加明净的容颜，仿佛人们刚刚擦洗过的脸。四面楚歌声中，我终于突破了家庭的牢笼。八年的婚姻生活过去了，我留下的只有对故乡浙江的思念。这些年来，他们苦苦地想让我做一个贵妇人，而我对此又是多么不屑！

我虽然不能身为男子，加入他们的行列；但是我的内心，却要比男子还更刚烈。我的侠肝义胆，总是因为国家和民族的命运而起伏不平、激昂热血。凡夫俗子的狭窄胸怀，怎么能够理解我？英雄在穷途末路的时候，也难免要经受磨难挫折。莽莽红尘，到底哪里才有我的同道之人？四顾苍茫，不由得让我泪湿青衫！

　　为什么要跟大家分享这首词呢？因为这涉及秋瑾跟家庭的矛盾冲突。秋瑾写这首词的时候是在北京。本来，秋瑾祖籍浙江，长大之后嫁在了湖南。但当时，她的丈夫王廷钧捐了一个户部主事的官职，秋瑾也就跟他一起到北京生活。当时已经是十九世纪末二十世纪初，国步艰难，北京思想界也空前活跃。秋瑾是一个从小就读书舞剑的奇女子，到了北京这个国家政治的风暴眼，又接触了吴芝瑛等思想进步的社会名流，一下子仿佛如鱼得水。可是，她的丈夫王廷钧却是一个保守的旧式小官僚，追不上妻子前进的步伐，两人之间的距离越来越大。到1903年，因为一件小事，两个人的矛盾一下子爆发了。

　　那一天，王廷钧让秋瑾准备酒菜，他要带同僚回家吃饭，秋瑾也按要求做好了准备。结果，王廷钧临时又被人叫去吃花酒，并没有回家。秋瑾很不高兴，郁闷之中，自己也跑出去看戏了。当时的戏园子还不接待女客，所以，秋瑾也就扮了个男装。但是，她扮得过于马虎了，谁都能看出来，这位看戏的"爷"其实是一位娘子。这当然是出位之举，一下子就引爆了当时的舆论场。要知道，当时王廷钧是朝廷里的户部主事，秋瑾也因此被封为四品的恭人，身为朝廷命妇，却这样不知检点，王廷钧很是恼火，回家就骂秋瑾辱没门风，还出手打了她两下子。秋瑾可不是任人摆布的软柿子，丈夫一动粗，秋瑾早就酝酿着的不满情绪一下子爆发了。她毅然离开王家，并且写下了这首《满江红》。

　　这首词其实就是一篇离婚宣言。她离开家的理由到底是什么？其实并不只是王廷钧的家暴，也不是任何一件具体的事情，而是"俗子胸襟谁识我？英雄末路当磨折"。对她来说，王廷钧就是一个不可理喻的俗物，根本不能理解她的抱负。她已经忍受了八年，再也不想忍受下去了。

那么，到底应该怎么看待这一场离婚案呢？其实，公道地说，王廷钧并不是一个一般意义上的坏人。此人出身于湖南的一个富商家庭，家有良田万亩，又开了若干当铺。当年，王廷钧的父亲王黻臣送给儿媳秋瑾的结婚礼物就是湘潭城里的一间当铺，这在当时也算轰动一时。王廷钧本人比秋瑾小两岁，长得白皙英俊，读书有悟性，当时号称翩翩公子。王公子并不是一个刚愎自用的人，他对妻子的才华一直赞赏有加，每次听到外人赞赏秋瑾，他都是红光满面，深以为傲。更难得的是，王廷钧在家庭大事上对秋瑾一直言听计从。秋瑾希望见更大的市面，王廷钧就去捐官，到京城当吏部主事；秋瑾舍不得离开娘家亲人，王廷钧就把老丈人和大舅子都接到湘潭定居，还促成两家合股，开设"和济钱庄"。从这两件事就可以看出，无论是个人前途还是家庭安排，秋瑾都能当家立纪，这在当时，也算是难能可贵了。如果是一般的女性，有这样的丈夫，应该不会有什么不满。可是，秋瑾并不是一般女性，她有着超出当时一般女性的抱负和理想。

秋瑾的抱负，并不是传统女性追求的夫妻和顺，家庭幸福，而是为国家民族的前途命运出力。这就是秋瑾词里所说的"算平生肝胆，因人常热"。生在时代鼎革之际，她有一颗英雄的侠肝义胆，这肝胆让她看到了家庭之外的社会状况。当时，戊戌变法已经失败了，清朝正是保守主义当道，而且，因为义和团运动失败，清朝又跟列强签订了《辛丑条约》，光是战争赔款，不算利息，就多达四亿五千万两白银，相当于每个中国人都要赔偿一两。这

241

样内外交困的局面，亡国灭种的危机让秋瑾根本无心沉醉在小家庭的幸福之中，而是每每为了国家的命运热血沸腾。可是，在中国的文化传统里，女性是属于家庭的，并没有社会身份，就连秋瑾的本名，也叫秋闺瑾。她就算是一块美玉，也只能安放在闺房之中；而心怀天下，是专属男子的事业。人们习惯于看一个男子壮怀激烈，以天下为己任；但是，却很难接受一个女性抛家舍业，哪怕是为了造福社会。这样的冲突让秋瑾痛苦不已，所以，她才会说："身不得，男儿列；心却比，男儿烈。"会说："苦将侬强派作蛾眉，殊未屑！"

一个女人，究竟首先是一个人，还是一个女？她到底是属于家庭，还是同样也属于社会？我们今天也许可以说，这并不矛盾啊！一个女人，当然可以既是一个人，又是一个女，她既可以属于家庭，也可以属于社会。但是别忘了，今天我们能这么想，这么做，恰恰是秋瑾她们这些先驱誓死奋斗的结果。秋瑾当时不能这么想，也不能这么做。摆在她面前的，是一道二选一的选择题。她最终的决定是和家庭决裂，去往天涯海角，去寻找茫茫红尘之中的知音之人。也就是在这个背景之下，1904 年，秋瑾东渡日本，从此开始了鉴湖女侠的革命生涯。

这次东渡的成果之一，就是这首慷慨悲壮的《对酒》：

不惜千金买宝刀，貂裘换酒也堪豪。
一腔热血勤珍重，洒去犹能化碧涛。

什么意思呢？我不吝惜千金去买一把宝刀，用貂皮换酒也算

得上英豪。革命者的一腔热血要勤加珍重，等到挥洒出去，也一定要化作滚滚碧涛。

　　跟此前那首《满江红》相比，这首《对酒》在基调上有什么不同吗？当然不同。那首《满江红》雄壮归雄壮，但通篇都写满了痛苦和不平；而这首《对酒》，却洋溢着一种真正的豪情和快乐。为什么呢？因为这首诗写在1905年，当时，秋瑾已经完成了在日本的考察，刚刚回到中国，在好友吴芝瑛家中欢宴。秋瑾的日本之行其实只有短短一年。但是，就在这一年之间，她结识了孙中山、徐锡麟、黄兴等革命志士，参加了三合会、光复会等一系列革命组织，而且，还创办刊物，宣传妇女解放。甚至连名字，也从"秋闺瑾"改成了"秋瑾"，字"竞雄"，别号"鉴湖女侠"。换言之，经过这一年的历练，秋瑾已经完成了脱胎换骨的变化，变成一个新人了。而为她设宴痛饮的吴芝瑛也是一位侠女，她曾经送给秋瑾一副对联："今日何年，共诸君几许头颅，来此一堂痛饮；万方多难，与四海同胞手足，竞雄世纪新元。"能够写出这样的壮语，可见内心也是英雄了得。侠女重逢，革命有望，让秋瑾内心兴奋不已。宴会之中，她拿出在日本购买的倭刀，拔刀起舞，舞罢赋诗，赋的就是这篇慷慨豪迈的《对酒》。

　　这首诗豪迈在哪里？看前两句："不惜千金买宝刀，貂裘换酒也堪豪。"千金买刀的事情古代有没有？当然有。《水浒传》里，林冲买刀，杨志卖刀，都是重要的情节。北朝的民歌里还有一首《琅琊王歌辞》："新买五尺刀，悬著中梁柱。一日三摩挲，剧于十五女。"把新买的大刀看得比十五岁的少女还重，这还不够豪迈吗！可是，壮士爱刀也就罢了，那是他们行走江湖、建功立

243

业的工具，这工具可以帮助一个侠客行侠仗义，如同贾岛所说的那样："十年磨一剑，霜刃未曾试。今日把示君，谁有不平事？"也可以号令天下，赢得至尊的江湖地位，如同金庸在《倚天屠龙记》中所说的："武林至尊，宝刀屠龙。号令天下，莫敢不从。倚天不出，谁与争锋！"还可以让一个战士奋勇杀敌，突出重围，像李白所说的"城头铁鼓声犹震，匣里金刀血未干"。但无论如何，它不曾属于女子。所以，这两句诗由女子的口中讲出，就不仅是豪迈，而且是新奇，不仅是新奇，而且是震撼。"貂裘换酒也堪豪"又何尝不是如此呢！古代喜欢名士风流，李白"五花马，千金裘，呼儿将出换美酒"没有问题，苏轼"酒酣胸胆尚开张，鬓微霜，又何妨"也没有问题，但秋瑾是一个女子，就算喝酒，也应该止于浅斟，最多也就是像李清照那样，"三杯两盏淡酒，怎敌他，晚来风急"而已，怎么会喝到"貂裘换酒也堪豪"的程度呢？很明显，这个女子，并不是一般的女子，她的内心，原本就是一位壮士。

那么，这位壮士喝酒，是要浇怎样的块垒；这位壮士买刀，又是要指向何方呢？看后两句："一腔热血勤珍重，洒去犹能化碧涛。"这一联诗，用的是《庄子·外物》篇中苌弘化碧的典故。苌弘是周朝的大夫，尽忠于周朝，却被奸臣陷害，被迫自杀而死。他死后三年，鲜血化为碧玉。自此之后，"碧血"就成了烈士为祖国流血的代名词。原来，秋瑾纵酒买刀，不是为了功名，更不是为了耍酷，她那是在准备为国牺牲，哪怕她的牺牲像苌弘一样，根本得不到时人的认可。这是何等满腔热忱，又是何等动人心魄呀！事实上，就在这首诗写过两年之后，1907 年，秋瑾准备在绍兴大通学堂起义，不料计划泄露，她拒绝出逃，坚守大通学堂，最终被俘，英勇就义。秋瑾牺牲之时，她的身份是罪人，这一点恰如苌弘蒙冤；秋瑾牺牲之后，被尊奉为烈士，这一点，又恰如苌弘碧血。看到这里，可能有读者朋友会说，这不是写诗成谶了吗？其实，这不叫写诗成谶，这应该叫言出必行。生活中，我们常常会看到言论的巨人，行动的矮子，但秋瑾不同，她是一个完整的巨人，令人高山仰止。

我为什么要跟大家分享这首诗呢？因为这首诗代表近代女性的另一个出发点和另一个归宿。传统女性的出发点和归宿都是家庭，哪怕是花木兰和梁红玉这样的战争英雄也莫不如此。花木兰从军是替父，梁红玉擂鼓则是助夫。她们英雄行为的动力来自家庭需要，她们行为的合法性来自家庭身份，她们最终的归宿也只能是回到家庭角色。所以，花木兰在从军十年之后，也必须是"可汗问所欲，木兰不用尚书郎，愿驰千里足，送儿还故乡"。这耳熟能详的诗句背后，除了有木兰的恬淡之外，是不是也有木兰的无奈呢？由内而外，因家而国并不是不好，但如果女性只能这样选择，却一定是不足够好。这样比较起来，秋瑾这首《对酒》的意义就不言自明了。她买刀纵酒、抛头洒血并不是因为家庭变故，而是因为祖国沉沦。她以一个独立个体的身份感受着迫在眉睫的亡国之痛，她也要尽一己之力力挽狂澜。她需要援助，只是她的后援不再是传统意义上的父子兵、夫妻档，她寄予希望的，是志同道合的知音、同志。事实上，为了实现这样的人生价值，她甚至干脆抛弃了家庭，哪怕是一个看起来还不错的家庭。

可能有读者朋友会疑惑，你说这些，难道是要让女性不顾家庭吗？当然不是。一个女性，可以选择为家尽力，也可以选择为国尽忠，更可以像今天的大多数人那样，选择家国兼顾。但选择的前提是社会环境允许你选择，个人也拥有独立的意志、独立的能力，能够坦然地做出选择。只有同时具备这两个条件，女性才能既发挥着自己在家庭和社会中的双重作用，也能发自内心地接纳和欣赏自己的性别，否则，就只能像当年的秋瑾感慨的那样："苦将侬强派作蛾眉，殊未屑！"

　　回到最开始那个话题中来，我为什么由衷地敬仰秋瑾？因为秋瑾是一个开创新时代的女性，她不再是必须有替父的理由才能从军的花木兰，也不是只能为国家沦亡哀哀哭泣的李清照。她不仅能爱家也能爱国，她不仅会流泪也敢流血，她身上带着旧时代的影子，但她更多地披上了新时代的霞光。这霞光如今沐浴在我们每个人身上，感谢从娥皇女英那个时代一路走来的先辈女性，感谢她们心怀锦绣，口吐芬芳；感谢她们雄心勃勃，奋斗不止；感谢她们留下来的每一个脚印，让我们思所将往，知所从来。

©中南博集天卷文化传媒有限公司。本书版权受法律保护。未经权利人许可，任何人不得以任何方式使用本书包括正文、插图、封面、版式等任何部分内容，违者将受到法律制裁。

图书在版编目（CIP）数据

蒙曼女性诗词课 . 哲妇 / 蒙曼著 . -- 长沙：湖南文艺出版社，2022.9
ISBN 978-7-5726-0784-4

Ⅰ . ①蒙… Ⅱ . ①蒙… Ⅲ . ①古典诗歌—诗歌研究—中国 Ⅳ . ① I207.22

中国版本图书馆 CIP 数据核字（2022）第 144049 号

上架建议：畅销 · 文学

MENGMAN NÜXING SHICIKE ZHE FU
蒙曼女性诗词课 哲妇

著　者：蒙　曼
出版人：陈新文
责任编辑：刘雪琳
监　制：小博集
策划编辑：张苗苗　胡隽宓
特约编辑：朱凯琳　王佳怡
营销支持：罗　洋　付　佳　杨　朔　付聪颖　周　然
装帧设计：梁秋晨
内文插图：呼葱觅蒜
出　版：湖南文艺出版社
　　　　（长沙市雨花区东二环一段 508 号　邮编：410014）
网　址：www.hnwy.net
印　刷：北京中科印刷有限公司
经　销：新华书店
开　本：875mm×1230mm　1/32
字　数：179 千字
印　张：8.25
版　次：2022 年 9 月第 1 版
印　次：2022 年 9 月第 1 次印刷
书　号：ISBN 978-7-5726-0784-4
定　价：59.80 元

若有质量问题，请致电质量监督电话：010-59096394
团购电话：010-59320018

图片提供：
视觉中国（P29，P116，P136，P148，P164，P188，P196，P204，P220）
除图注中特别标明外，书中图片均为呼葱觅蒜绘制。